缤纷以色列

主　编　孟振华　　副主编　胡　浩　艾仁贵

以色列名胜古迹

崔财周 著

南京大学出版社

图书在版编目（CIP）数据

以色列名胜古迹 / 崔财周著 . -- 南京：南京大学出版社，2022.7
（缤纷以色列 / 孟振华主编）
ISBN 978-7-305-25309-6

Ⅰ.①以… Ⅱ.①崔… Ⅲ.①名胜古迹－介绍－以色列 Ⅳ.① K938.27

中国版本图书馆 CIP 数据核字（2022）第 001320 号

出 版 者	南京大学出版社
社　　址	南京市汉口路22号　邮　编　210093
出 版 人	金鑫荣

丛 书 名	缤纷以色列
丛书主编	孟振华
书　　名	**以色列名胜古迹**
著　　者	崔财周
责任编辑	田　甜　　编辑热线　025-83593947

照　　排	南京新华丰制版有限公司
印　　刷	南京爱德印刷有限公司
开　　本	880×1230　1/32　　印张4.625　　字数138千
版　　次	2022年7月第1版　2022年7月第1次印刷
ISBN	978-7-305-25309-6
定　　价	32.00元

网址：http://www.njupco.com
官方微博：http://weibo.com/njupco
官方微信号：njupress
销售咨询热线：（025）83594756

* 版权所有，侵权必究
* 凡购买南大版图书，如有印装质量问题，请与所购图书销售部门联系调换

编辑委员会

主　任：徐　新

副主任：宋立宏　孟振华

委　员：艾仁贵　胡　浩　孟振华　宋立宏
　　　　徐　新　张鋆良　［以］Iddo Menashe Dickmann

主　编：孟振华

副主编：胡　浩　艾仁贵

总　序

　　以色列国是一个充满奇迹的地方。早在两千多年前，犹太人的祖先就在这里孕育出深邃的思想，写下了不朽的经典，创造了璀璨的文明，影响了整个西方世界。在经历了两千年漫长的流散之后，犹太人又回到故土，建立起一个崭新的现代国家。他们不仅复兴了民族的语言和文化传统，更以积极的态度参与和引领着现代化的潮流，在诸多领域都取得了足以傲视全球的骄人成绩。

　　中犹两个民族具有诸多共同点，历史上便曾结下深厚的友谊。中国和以色列建交已30年，两国人民之间的交往也日益密切和频繁，各个领域的合作前景乐观而广阔。赴以色列学习、工作或旅行的中国人越来越多，他们或流连于其旖旎的自然风光，或醉心于其深厚的文化底蕴，或折服于其发达的科技成就。近年来中文世界关于以色列的书籍和网络资讯更是层出不穷，大大拓宽了人们的视野。

　　不过，对于很多中国人来说，这个位于亚洲大陆另一端的小国仍然是神秘而陌生的。即使是去过以色列，或与其国民打过不少交道的人，所了解的往往也只是一些碎片信息，不同的人对于同一问题的印象和看法常常会大相径庭。以色列位于东西方交汇点的特殊位置和犹太人流散世界各地的经历为这个国家带来了显著的多元性，而它充沛的活力又使得整个国家始终处在动态的发展之中。因此，恐怕很难用简单的语言和图片准确地勾勒以色列的全景。尽管如此，若我们搜集到足够丰富的碎片信息，并能加以综合，往往便会获得新的发现——这正如转动万花筒，当碎片发生新的组合时，就会产生无穷的新图案和新花样，而我们就将看到一个更加缤纷多彩的以色列。

  作为中国高校中率先成立的犹太和以色列研究机构，南京大学犹太和以色列研究所携手南京大学出版社，特地组织和邀请了多位作者，共同编写这套题为《缤纷以色列》的丛书，作为中以建交30周年的献礼。丛书的作者中既有专研犹太问题的顶尖学者，也有与以色列交流多年的业界精英；既有成名多年的资深教授，也有前途无量的青年才俊。每位作者选择自己熟悉和感兴趣的专题撰写文稿，并配上与内容相关的图片，用图文并茂的形式呈现给读者，力求做到内容准确，通俗易懂，深入浅出，简明实用。也许，每本书都只能提供几块关于以色列的碎片，但当我们在这套丛书内外积累了足够多的碎片，再归纳和总结的时候，就算仍然难以勾勒这个国家的全景，也一定会发现一个崭新的世界。

孟振华

2021年3月谨识

目 录

一　耶路撒冷及其周边

美丽与忧愁的圣城：耶路撒冷 …………………… 002

不能忘却的历史记忆：以色列犹太大屠杀纪念馆 … 020

艺术的宝库：以色列国家博物馆 ………………… 028

永不再陷落的城堡：马萨达 ……………………… 033

圣城中的圣城：伯利恒 …………………………… 036

徒步和避暑胜地——艾因盖迪自然保护区 ……… 044

地球的肚脐：死海 ………………………………… 046

二　特拉维夫及其周边

有故事的城市：雅法老城 ………………………… 051

现代城市的代表：特拉维夫 ……………………… 055

犹太人的历史记忆：犹太人博物馆和大流散博物馆 061

别具特色的小城——霍隆 ………………………… 064

三　海法及北部地区

以色列的空中花园——巴哈伊花园 ……………… 071

神圣与美丽之地——卡梅尔山 …………………… 075

地中海边的古罗马遗港：凯撒利亚国家公园 ……… 080

十字军的记忆：阿卡古城 ………………………… 085
追寻耶稣的圣迹：拿撒勒 ………………………… 089
一个神奇的地方：加利利海地区 ………………… 092

四 内盖夫地区

神秘的基布兹——斯代博克 ……………………… 105
沙漠玫瑰——贝都因文化博物馆 ………………… 112
香气弥漫千年：香料之路 ………………………… 115
地球的皱痕：拉蒙大峡谷 ………………………… 116
大自然的奇观：提姆纳国家地质公园 …………… 118
沙漠南端的蓝宝石：埃拉特 ……………………… 122

结语 …………………………………………………… 127

参考文献 ……………………………………………… 129

附录 1　中以交往一枝春 ………………………… 131

附录 2　南京大学黛安/杰尔福特·格来泽犹太和以色列研究所简介 ………………………………… 137

耶路撒冷及其周边

　　如果你喜欢名胜古迹，就绝对不能错过耶路撒冷。耶路撒冷老城分布着众多景点，让你眼花缭乱。这里有非常出名的四区八门，即犹太区、穆斯林区、基督教区和亚美尼亚区，其中最为出名的西墙便位于犹太区，为世人熟知的圆顶清真寺和阿克萨清真寺在穆斯林区，基督教区则有著名的圣墓教堂，亚美尼亚区名气可能低一些，但圣马可教堂和大卫塔也能使你大饱眼福。在四区不同方位中，有希律门、大马士革门、雅法门、锡安门等八个城门，每个门都有一段故事，让你流连忘返。看完众多名胜古迹，以色列犹太大屠杀纪念馆也非常值得一看。纪念馆有十个展厅，系统介绍了犹太人流散、被抛弃、反抗、获得国际义人的帮助，以及最后惨遭屠杀的历史。纪念馆用文字、视频等多种方式，让人们了解犹太人那段悲惨的历史，从而铭记历史，防止类似的事情再次发生。

　　看完以上的景点，怎么能不去一趟以色列国家博物馆呢？这里有一个专门的展厅圣书之龛，《死海古卷》便在此展览。比扎莱尔工艺美术博物馆收藏了来自欧洲、非洲、美洲等大量的艺术作品。展厅外还有一个第二圣殿时期耶路撒冷的城市模型，生动再现了当时耶路撒冷的全貌。在耶路撒冷附近有一个非常出名的地方——马萨达城堡，它不仅有着奇特的景色，还因为它是犹太人抵抗暴力、追求自由的象征,现在成为以色列爱国主义教育基地。当然了,耶路撒冷周边还有很多圣城,如耶稣的出生地——伯利恒[①],还有被称为列祖之城的希伯仑。这里独特的宗教文化和历史底蕴,值得人们前往欣赏。看了这么多历史景点,再来户外放松一下也是非常有必要的。其中艾因盖迪自然保护区是徒步和避暑的胜地,而且还能看到独特的努比亚山羊。最后,再来到非常出名的网红打卡地——死海。像在以前的课本上见过的那样,一个人拿着一张报纸,悠闲地漂浮在水里,再往身上涂些会让皮肤变得光滑的死海泥,绝对是一种享受。

总之,耶路撒冷及其周边有很多名胜古迹,不仅有各种各样的人文景观,也有风景如画的自然景观,可以满足各类人群的旅游需求。如果你是一个旅游爱好者,来以色列吧!来耶路撒冷吧!亲身感受一下它的魅力。

美丽与忧愁的圣城:耶路撒冷

犹太人的经典《塔木德》曾言:"世界若有十分美,九分都都在耶路撒冷。"然而,与此相对应的还有一句,"世界若有十分哀愁,

从橄榄山眺望的圣殿山及耶路撒冷全景　徐新　摄

[①] 现在的伯利恒由以色列控制进出口,而由巴勒斯坦民族权力机构进行日常管理。

一 耶路撒冷及其周边

圣殿山及耶路撒冷老城

耶路撒冷老城的街道

今日耶路撒冷老城

九分都在耶路撒冷"。耶路撒冷历史悠久,公元前3000多年,迦南人的一支从阿拉伯半岛迁往耶路撒冷,并称其为"奥尔萨利姆"。公元前1000年左右,犹太国王大卫在这里定都,给都城起名"耶路撒冷"(和平之城的意思)。但由于宗教和历史原因,耶路撒冷一直战乱纷飞。公元前586年,新巴比伦摧毁犹太人的第一圣殿,公元70年,罗马人摧毁第二圣殿,犹太人开启了长达1800多年的大流散时期。随后,耶路撒冷先后被罗马帝国、拜占庭帝国、奥斯曼帝国、英国统治。第一次中东战争后,西耶路撒冷被以色列控制,而东耶路撒冷(包括老城和约旦河西岸)被约旦占领。1967年,第三次中东战争后,耶路撒冷由以色列实际控制。

尽管如此,耶路撒冷因其独特的位置、历史和宗教,还是留下了众多名胜古迹。耶路撒冷的西墙、阿克萨清真寺等宗教场所闻名于世。而最出名的莫过于老城了,它在1981年被联合国教科文组织列为世界文化遗产(由约旦提出申请,现在实际由以色列控制)。世界文化遗产委员会评价道:"耶路撒冷老城是犹太教、基督教和伊斯兰教三个一神教的圣城,它作为人类多样性的一个缩影,具有历史、文化和精神意义。"

耶路撒冷老城的四区八门

老城位于现代耶路撒冷城的东面,面积仅1平方公里左右,东邻橄榄山,南邻锡安山。老城内的圣殿山为犹太人最神圣之地,附近的圆顶清真寺和阿克萨清真寺是穆斯林的圣地,而圣墓教堂则是基督教的圣地。耶路撒冷老城按宗教信仰分为四个区域,分别为犹太区、穆斯林区、基督教区和亚美尼亚区。

犹太区: 犹太区位于老城南部。西墙(犹太人称之为"哭墙")就在此区,它是耶路撒冷老城古代犹太国第二圣殿的仅存遗址,它现在长约50米,高约18米,由大石块筑成。1967年后,西墙由以色列控制。以色列政府在西墙前辟出宽阔的广场,每逢阵亡将士纪念日、大屠杀纪念日、犹太新年、赎罪日等重要节日,便在此举行纪念庆典

犹太区:圣殿山与西墙　徐新　摄

西墙前祈祷的人群，左边为男子祈祷区域，右边为女子祈祷区域　徐新 摄

活动。现在西墙已经成为重要旅游场所。进入西墙前需要进行安检，之后便进入一个广场，广场的尽头便是西墙。西墙前有一道栅栏将人们隔开，男左女右分开祈祷，游客也需要与当地人一样。男子须戴上"基帕"（进入广场可免费领取），在左边祈祷，女子则要穿着规范，穿过膝盖的衣服，在右边祈祷。在这里大家可以看到很多动人的场面：有人手捧圣经，默默祈祷，有人亲吻着西墙，也有人往西墙的石缝中塞入写上心

犹太成人礼　刘洪洁 摄

愿的纸条,因为他们相信这是写给耶和华的信,可以梦想成真。这里可以拍照,但是最好不要打扰到祷告的人,远远看着就好。广场左侧有一个大房间,里面陈列着各种书籍,经常会有很多犹太人在那里祈祷,有的正统派犹太人几乎陷入痴迷的程度,这让人感到非常震撼。当然,这里不都是沉重的场面,也有欢快的时刻。犹太男孩的成人礼通常会在家人的陪同下,在西墙前举行,大家欢声笑语地给男孩祝福,祝福他生日当天成了大人。

  穆斯林区:穆斯林区位于老城东部,其中最出名的是圆顶清真寺(又称金顶清真寺)和阿克萨清真寺。圆顶清真寺虽然常被误解为清真寺,但它并不是祈祷使用的清真寺,而是伊斯兰教的圣殿。圆顶清真寺为八角形,外观为花瓷砖拼贴成的各种几何和植物图案,上面有《古兰经》经文。这里有许多有趣的故事,传说当年亚伯拉罕捆绑以撒,就是把他放在这块岩石上准备献祭的,因此这块长方形的岩石在犹太教中一直被视为"圣石"。在基督教的传说中,这块石头被视为是上

圆顶清真寺　徐新 摄

远寺正门和广场　徐新　摄

著名的穆斯林区商业街

帝用泥土捏成人类始祖亚当的地方，世界各地的基督徒都纷纷前来朝拜，并以此为荣。最为出名的便是关于穆罕默德的故事，相传穆罕默德在沉睡中被天使召唤，同天使吉卜利勒乘坐飞马从麦加来到耶路撒冷，到达时是踏在一块石头上登上九重天的，这就是著名的穆罕默德"夜行登霄"的故事。1994年，约旦国王侯赛因出资650万美元为圆顶覆盖上24公斤纯金箔，使它名扬天下。然而，圆顶清真寺与西墙相邻，建在犹太教圣殿的遗址上，因此，这里也成为犹太人与穆斯林冲突最为激烈的地区。圆顶清真寺旁边便是阿克萨清真寺。"阿克萨"在阿拉伯语中意为"遥远"，故又名远寺。该寺建于公元705年至709年间，在中世纪时历经磨难，不断毁于地震，之后又被重建，十字军东征时期是教堂、兵器库和兵营，在萨拉丁时期又被修复，在近代，阿克萨清真寺又被地震损毁。比较有意思的是，重新修建时的大理石圆柱由墨索里尼捐赠，天花板屋顶则是埃及国王法鲁克所赠。要注意的是，清真寺内部非穆斯林不进入，外部全天开放。

　　穆斯林区里有很多售卖商品的小店，如香料、金饰等物品，虽然不是那么规整，但并不妨碍人们在这里体验独特的穆斯林情调。耶稣背着十字架走过的"苦路"第一站在穆斯林区，再次印证了耶路撒冷三教圣地相互交融的特点。

　　基督教区：基督教区是四区中面积最大的一个区，处于老城西北部。著名的圣墓教堂（又称复活教堂）就位于此地，它是耶稣基督遇难、安葬和复活的地方。圣墓教堂所在地原是哈德良时期修建的一座阿芙罗狄蒂神庙。君士坦丁大帝皈依基督教后，曾派其母亲海伦娜前往巴勒斯坦查访圣迹。据称海伦娜除发现耶稣受难的十字架外，还将此地确认为耶稣受难地，后来便在此处兴建了圣墓教堂。从公元4世纪开始，教堂就已成为一处基督教徒朝圣的重要目的地。圣墓教堂是耶路撒冷牧首的总部，而教堂本身则由三个教会（罗马天主教会、亚美尼亚使徒教会、希腊正教会）和六个宗派（罗马天主教会、希腊正教会、亚美尼亚使徒教会、叙利亚正教会、埃塞俄比亚正教会、科普特正教会）共同管理。

　　进入教堂内部，映入眼帘的是一块石板，据说当年耶稣从十字架

圣墓教堂内的"圣神龛",两边是排队进入圣神龛礼拜的信徒或游客

放下来后,就躺在这块石板上面,耶稣的血在石板上留下了纹路。每年有众多基督徒进门便跪在石板前面,不断抚摸、亲吻石板,表达对耶稣的敬畏和祈求祝福。还有一些信徒把随身物品放在石板上,默默祈祷,不时朗诵赞美诗。教堂最神圣的是耶稣被埋葬并复活的地方,在那里有一座神龛,被称为"圣神龛"。"圣神龛"其实是一个石洞,比较狭小,不足 2 米宽。据传,这里原本是贵族约瑟夫购买的墓地,当年他因敬仰耶稣基督,便把自己的墓地捐献出来埋葬耶稣。如今的"圣神龛"位于教堂圆顶大厅的祭坛内,前面是天使礼拜堂,后面是小石室,可容纳 4 名朝圣者。

基督教区除了圣墓教堂外,还有希腊东正教宗主教区、方济各会修道院和拉丁宗主教区。同时,基督教区还拥有许多纪念品商店、咖啡馆、餐馆和旅馆,商店大多集中在市场街、大卫街和基督教区路。

亚美尼亚区:亚美尼亚区位于老城西南角,是最小的一个区,也是人口最少的。公元 301 年亚美尼亚将基督教定为国教,从那时候起就有亚美尼亚人来耶路撒冷朝圣,所以他们在亚美尼亚区已经生活 1000 多年了。如今,亚美尼亚人的影响力逐渐减弱,这里的社区面积也大大缩小,成为老城比较和平的地方。亚美尼亚区内有纵横交错的小巷子,很多的教堂,如圣马可教堂、圣詹姆斯大教堂等,大卫塔也在这里。大卫塔是由希律王建造的城塔,陆续被挖掘出土的有古老的

邻近基督教区的亚美尼亚十字架装饰

大卫塔举办的灯光秀　徐新　摄

亚美尼亚区的街道，悬挂的旗帜是亚美尼亚的标志

苦路第三站，门上浮雕描绘的是背十字架的耶稣跌倒的画面

哈莫尼城墙和法赛尔塔、希皮库斯塔与米里亚尼塔等城塔，以及罗马、拜占庭、十字军和奥斯曼时代的建筑遗迹。大卫塔内经常表演灯光秀，它采用时间轴的方式说明城市的历史，使用希伯来语、阿拉伯语和英语解释。大卫塔内经常举办展览，将古代城堡的独特价值与当代艺术和历史相结合。大卫塔内还举办音乐、舞蹈和戏剧方面的讲座和特别活动，以及数十个教育活动和项目。大卫塔内独特的声光表演——《夜间盛典》，给人带来一场视觉和听觉的享受。表演最后打出一段英文，意思是祈祷耶路撒冷永远和平，这应该也是大家的共同心愿。

耶路撒冷老城四区的周围还有八个城门，自北逆时针分别为：希律门、大马士革门、新门、雅法门、锡安门、粪厂门、金门和狮门。其中金门是一道封闭的城门，成为老城独特的风景线。

希律门：希律门是耶路撒冷老城北侧的一座城门，邻近穆斯林区，因为城门上装饰花朵石雕，所以又称"花门"。希律门是耶路撒冷较早修建完工的一座城门，耶稣受难期间，希律王的住所位于附近，因而得名希律门。据说当年耶稣就是从这个门走进耶路撒冷的，而且要去橄榄山也是要从这个门出去，可以说这个门具备了历史和宗教的双重意义。当年苏莱曼大帝修筑耶路撒冷老城时，希律门很小，奥斯曼帝国时期，阿卜杜勒·阿齐兹一世重新打开了一个门，这是游人现在看到的希律门。

大马士革门：大马士革门（又名示剑门、纳布卢斯门、柱门）位于耶路撒冷老城北侧，因城门外的道路通向叙利亚的首都大马士革而得名。城门最初建于第二圣殿时期（约公元前 520 年），在公元 2 世纪的哈德良时期，罗马人建了一个新的城门。据说，城门前矗立着一个胜利柱，大马士革门的阿拉伯语名称"柱门"由此而得名。现存城门由奥斯曼帝国的苏莱曼大帝于 1542 年兴建，大门有两个塔。大马士革门通往老城的穆斯林区，城门内就是阿拉伯市场，城外每逢周五有热闹的集市。据说耶稣升天的玫瑰园也在旁边，在门外还能买到正宗的阿拉伯大面包和围巾，大马士革门是老城最有生活气息的地方，但是有点脏乱。

新门：新门是耶路撒冷老城西北方的一个城门，位于基督教区。它由奥斯曼帝国苏丹阿卜杜勒·哈米德二世于 1889 年兴建，是八个城门中最晚建造的。据说新门是为了方便来访的德国皇帝威廉二世可以直接到达基督教区，但实际上威廉二世并未经过这道城门，而是乘坐马车通过附近的一个城墙豁口（因为新门太窄，而威廉不愿意屈尊下马进城）。值得一提的是，第一次中东战争期间，约旦占领了东耶路撒冷（包括耶路撒冷老城），将新门封闭。1967 年第三次中东战争期间，以色列占领东耶路撒冷后，重新开放了新门。

雅法门：雅法门（也被称为约帕门）的意思是"美丽之门"，因它朝向雅法城而得名。雅法是以色列最古老的港口之一，中世纪时期常有朝圣者从雅法上岸前往耶路撒冷，因此该门颇为繁荣，同时它也是老城城门中唯一修建在城墙右侧（为了抵御入侵者和交通便利）的建筑。雅法门毗邻当地繁华的马米拉商业街，是游客游览老城的一个重要目的地。

锡安门：锡安门位于耶路撒冷老城西南部，正对锡安山，因此得名。它兴建于苏莱曼大帝时期，由于锡安山上有大卫王的坟墓，故又称作大卫门。城门内是亚美尼亚区和犹太区。在当代历史上，锡安门也非常重要。1948 年 5 月 13 日，最后一支英国军队撤出耶路撒冷，将锡安门的钥匙交给犹太领袖莫迪凯·万家顿。第一次中东战争期间，以

主要为以色列阿拉伯人前往圣殿山使用的入口　徐新 摄

色列与阿拉伯国家在这里进行激战,今天仍可看见当时留下的密集弹痕。第一次中东战争结束后,锡安门在约旦控制之下,一直处于关闭的状态,直到1967年第三次中东战争后,以色列控制了整个耶路撒冷,锡安门才重新开放。需要注意的是,行人可以通过锡安门,但是机动车通行困难,因为路很窄,一次勉强通过一辆汽车。目前这里有双向车道,但不可通过该门进入老城。

粪厂门:粪厂门位于老城东南部,圣殿山的西南侧。这个名称据说是因为昔日从圣殿运出的排泄物经此运往城外焚烧,也有传说是因为当时城内的一带是制皮的牛市场,制皮时会臭气熏天。粪厂门原本规模较小,1948年约旦占领老城后,在1952年加以扩建。1967年以色列占领后,建筑师阿伦森修复了这座城门。晚间,公共汽车穿过城门到达西墙公共汽车站,就在城门后面;白天,公共汽车停靠在城门外。粪厂门虽然听上去十分不雅,但这个名字曾出现在《圣经》中,历史可谓悠久。

封闭的金门

金门：金门是耶路撒冷最古老的一座城门，也是最华美的城门。金门设有两扇门，北拱门为悔改之门，南拱门为怜悯之门。这里是"苦路"的最后一站，据说耶稣就是从这个门进城的。在阿拉伯语中，该门称为"永生门"，也被称为"美门"。现在的金门建于公元6世纪，是在圣经时代古城门的遗址上再次修建的。犹太人相信他们的弥赛亚降临时必先通过东方的城门进入圣城，登上圣殿山。不过，金门在1541年已被封上，封门的原因说法不一，有人说在11世纪—13世纪时，阿拉伯人与十字军之间有军事冲突，为了安全起见而将城门封上；有人说因为苏莱曼得知犹太人的预言，即弥赛亚会由金门进城，所以把金门封上，禁止弥赛亚的降临。这些有意思的传说为金门披上了神秘色彩。

狮门：狮门位于老城东部，圣殿山以北。狮门上有四只狮子，说是狮子，其实是豹，左右各二。豹是马穆鲁克苏丹的徽号，苏莱曼的建筑师将这徽号放在城门上是为了庆祝奥斯曼在1517年打败马穆鲁

狮门　徐新　摄

克。狮门也是耶稣受难苦路中一个重要的地点,吸引了不少朝圣者。说到这里,还有一个有趣的故事。据说,苏莱曼大帝准备对耶路撒冷居民征收重税,当天晚上,苏莱曼竟梦见两只狮子将他吞噬。当他惊醒后,请人解梦。智者问苏莱曼他在入睡前想的是什么,苏莱曼回答说,他正在想如何惩罚所有没有纳税的人。智者回答说,苏莱曼亵渎了圣城,因而招致了真主的愤怒。为了赎罪,苏莱曼特意建造了狮门。在狮门内,墙上刻有一段阿拉伯文字,意为"游人的主人,苏丹苏莱曼·本·塞里姆汗——愿真主使他永享王权——下令修建了这段吉庆的城墙"。1967年第三次中东战争期间,以色列第55伞兵旅的伞兵通过此门,到圣殿山上升起了以色列国旗。

欣赏完美景之后,逛一下马哈尼耶胡达市场也是一个不错的选择。马哈尼耶胡达市场建立于1887年,有162栋房屋。在奥斯曼帝国统治时期,市场随意扩张,卫生条件恶化。在20世纪20年代末,英国托管当局兴建永久性的房屋和摊位。马哈尼耶胡达市场是耶路撒冷最

马哈尼耶胡达市场

大的市场，也是一个独一无二的市场，深受当地人和游客的欢迎，每周大约有 20 万人造访。这里有 250 多个摊位，各种各样的东西都有售卖，包括刚采摘下来的各式蔬菜、水果、新鲜的牛羊肉及各色香料，而且价钱相对便宜。这里熙来攘往，卖柠檬的，烘面包的，贩香菜的，煮咖啡的，炸素丸子的，等等，还有无数种你叫不上名字或许都不知道是什么的当地美食。在这里，也有很多与宗教相关的饰品，如七星烛台灯、法蒂玛之手、阿拉伯风格的地毯等。总之，马哈尼耶胡达市场是一个声色香味俱全的市场，非常值得一游。

追寻耶稣的足迹：万国教堂

在耶路撒冷东部的橄榄山上有一座万国教堂，它建于 1919 年到 1924 年，因得到许多国家的资助而得名。现在的教堂建立在两个早期教堂的基础上，一个是 4 世纪拜占庭大教堂，后由于地震被毁，另一个是 12 世纪的十字军小礼拜堂。

万国教堂正面入口　徐新　摄

教堂外观上方的马赛克镶嵌画中间红衣服的是耶稣,他张开双臂代表着在最后的生命中努力做好主交办的事项,而主身上的记号则代表起源或结束都来自主,两旁的信众一边是相信耶稣会带来希望的群众,另一边则是怀疑他的人民。走进教堂内,游人会被它的雄伟与美丽所吸引。教堂的整体建筑风格为拜占庭风格,有圆顶、粗大的列柱和镶嵌图案。首先映入眼帘的是正门外的三座拱门,分别代表了耶稣最后一晚的三次沉痛祷告。教堂的正面采用科林斯柱式,每根柱子顶端有四位福音书(《马太福音》《马可福音》《路加福音》《约翰福音》)的雕像。其中《路加福音》里有一段话:"有一位天使,从天上显现,加添他的力量。耶稣极其伤痛,祷告更加恳切。汗珠如大血点滴在地上。"柱子和雕像位于马赛克镶嵌画的下方,代表了耶稣基督作为上帝和人类之间的调解人。教堂正面上方镶嵌图画,耶稣张开双手,向天父祈祷,愿意奉献自己的身体,为众人赎罪。教堂内部玻璃上浅蓝的花纹挡住了大部分阳光,使得教堂内部光线昏暗,气氛非常沉重。教堂的墙角下有一块石头,而石头的大部分在墙外。这块内外相连的石头上面刻着耶稣跪着趴伏在石头上祈祷的石像,石边的墙上还有一幅耶稣被捕的浮雕,再现了当时的情景。

不能忘却的历史记忆:以色列犹太大屠杀纪念馆

二战期间,约 600 万犹太人被杀害,为了让人们更好地记住这场灾难,1953 年,以色列政府建立了以色列犹太大屠杀纪念馆(Yad Vashem)。纪念馆位于耶路撒冷城西的赫茨尔山上,它是世界上最大、最有影响力的大屠杀纪念馆之一。Yad Vashem 来自《圣经》:"我必使他们在我殿中、在我墙内有记念、有名号,比有儿女的更美。我必赐他们永远的名,不能剪除。"有记念、有名号的希伯来语原文发音为 Yad Vashem,这表明了以色列政府的用意,主要是为了让历史与现实联系起来,让世人纪念他们,防止悲剧的再次发生。以色列犹太大屠杀纪念馆从外形看是一栋吸引人的混凝土建筑,主体馆占地 4000多平方米,长 180 米,高 16.5 米。纪念馆长廊向下倾斜,象征从光明

犹太大屠杀纪念馆的雕塑

进入黑暗,长廊在接近出口处又向上倾斜,象征终于迎来光明。人们走出纪念馆,有一个很大的观景台,视野突然开阔,耶路撒冷绿化的山地和社区代表复兴的以色列国。主体馆的三角形构图取自以色列国旗上的大卫星,只剩下一半的三角,代表二战期间被屠杀的约 600 万犹太人。展厅一眼就能望到头,但是内有玄机,又细分为十个展厅。

A 展厅——以前的世界

走过"通向被毁灭世界的桥",来到了纪念馆,首先看到的是 13 米高的三角形墙壁,很多部电影被剪切成几分钟的小短片,并投放到墙壁上。在影片中可以看到二战前各个地方的犹太人,并可以听到 20 世纪 30 年代犹太儿童唱起现在以色列国歌《希望》,无论是曲调还是歌词都令人震撼,然而这一切即将毁灭。设计师米歇尔·罗夫纳说:"我把不同的电影剪辑混合成一个背景,就像犹太人融入他们所居住国家的生活结构一样。"接着沿着长廊向前走，可以看到两侧展示苏联红军解放爱沙尼亚克洛加集中营，纳粹分子匆匆处死2000个犹太人的画面，但由于时间仓促，他们未来得及掩埋犹太人的尸体。从犹太人死难者身体上找到很多照片和书信，可以真实反映当时犹太人的悲惨状况。

B展厅——从公民到被抛弃的人：纳粹德国和犹太人

该展厅展示了纳粹德国对犹太人政策的变化。希特勒上台后对进步团体与犹太人进行残酷镇压，极力宣传"国家至上""领袖英明"和"绝对服从与效忠"的观念，极力渲染雅利安人种族最优越的思想，把一切和他们相抵触的思想视为离经叛道，把一切主张民主自由的人类文化视为异端。1933年德国的"焚书事件"正是这种狂热宣传的产物。展厅配有德国名人海涅的话——焚书伊始，焚人以终。许多犹太知识分子在二战前后被迫离开德国，如爱因斯坦、弗洛伊德等人。

C展厅——可怕的开始：二战爆发和悲惨的波兰犹太人

这一展厅主要展示了二战初期纳粹对波兰犹太人的暴行。当时波兰约有330万犹太人，是欧洲犹太人的中心。德国占领波兰后，采取歧视性措施，将犹太人隔离起来，没收他们的财产，限制他们的工作，强制他们劳动，并穿上有特殊标志的衣服，犹太人受尽侮辱。为了更好地控制和消灭犹太人，纳粹在波兰建立了很多集中营。

D展厅——围墙与栅栏之间：集中营

该展厅展示了4个代表性的集中营：波兰罗兹、波兰华沙、立陶宛考纳斯集中营和捷克特雷津集中营。其中罗兹集中营建于1940年，是德占区的第二大集中营，有16万犹太人。当时罗兹集中营主席莫德凯·鲁姆考斯基认为，劳动是犹太人活下去的希望，因此建立了一整套系统为德国从事工业生产。纳粹本来规划罗兹集中营为短期中转站，但后来决意剥削犹太人体力，服务于战争。该展厅有许多展示犹太人包括儿童从事劳动的照片。为世人所熟知的莫过于奥斯维辛集中营了，集中营内共有3个主要营地和39个小型营地，分布在波兰南部第二大城市克拉科夫西南60公里的小镇奥斯维辛。集中营内部壁垒森严，四周电网密布，设有哨所看台、绞刑架、毒气杀人浴室和焚尸炉，是纳粹大规模屠杀犹太人的场所。据战后统计，这里有100多万人被杀害，当看到播放的画面时，人们不禁震惊万分，不敢想象在现代文明社会，竟然还有这样的暴行。

E 展厅——大屠杀："最终解决方案"的开始

苏德战争爆发后，特别行动队开始大规模寻找并屠杀犹太人，并把屠杀犹太人上升为国策执行。特别行动队，简称"别动队"，其任务是随德军深入东欧及苏联，寻找和屠杀犹太人。到1943年春，别动队杀害了超过100万犹太人。一些东欧人（主要是乌克兰人、拉脱维亚人和立陶宛人）充当了别动队的帮凶，协助纳粹屠犹。说到这里，不得不提起万湖会议，这个会议在1942年1月20日举行，地点是柏林西南部万湖的一个别墅，它落实了有系统的犹太人大屠杀。后来电影《万湖会议》真实还原了参会的15人讨论解决犹太人方案的场景。展厅还特别展示了基辅附近的娘子谷大屠杀。1941年9月29日至30日，德军在乌克兰基辅附近的娘子谷进行了二战中最迅速最残酷的一场大屠杀之一，两天之内共杀害了至少3.4万犹太人以及其他国家的人。

F 展厅——最终解决方案与犹太人起义

这一展厅有三个大规模死亡营模型，还有一个大型毒气室模型，上面写着"集中营的政策是，将被处决的人诱骗至此"。在电影《辛德勒的名单》中展现了纳粹的把戏，他们以让犹太人沐浴为理由，把犹太人诱骗至毒气室，然后集中杀死犹太人。展厅还展示了面对纳粹分子的暴行，犹太人奋起抵抗的画面。1943年1月19日，当纳粹分子准备运走犹太人的时候，遇到了犹太人战斗组织的武装反抗。纳粹党卫军使用水、火、毒气等各种办法将抵抗组织从地堡里逼出来。经过28天的战斗，德军死伤几百人，约1.3万华沙犹太人牺牲，华沙犹太区不复存在。虽然犹太人知道抵抗不会取得胜利,但依然英勇抵抗,体现了犹太人追求自由的大无畏精神,不禁让人们肃然起敬。大屠杀纪念馆有"华沙起义广场"模型来纪念这一重要事件。

G 展厅——反抗与营救

该展厅门口写着一个大写的问题:"为什么奥斯维辛没有被轰炸?"事实上,早在1943年,盟军已经知道奥斯维辛集中营正在大规模杀害犹太人,犹太人也多次请求盟军轰炸奥斯维辛的基础设施以延缓纳粹对犹太人的杀害,但盟军最终没有采取轰炸措施,这让很多犹太人难以接受。据事后调查显示,当时美国总统罗斯福认为,轰炸奥斯维辛无助于欧洲战局的发展,反而会刺激希特勒做出更加极端的事情,甚至会让自己被扣上杀害贫民的帽子。在当时纳粹统治的欧洲,欧洲人对犹太人没有什么好感,很少有人会帮助犹太人,只有一些游击队和秘密组织反抗纳粹分子。展厅展示了一艘丹麦小船,这是因为

大屠杀纪念馆中的义人园,纪念在纳粹屠犹期间拯救过犹太人的非犹太人士

丹麦人曾在1943年10月用船偷运犹太人到海峡对岸的中立国瑞典。丹麦是为数不多积极抵抗纳粹的被占领国，绝大多数丹麦犹太人幸存下来。展厅还展示了营救一些犹太人的国际义人。展厅展示的国际义人共2万多人，如法国利尼翁河畔勒尚邦城镇的居民帮助犹太人，中国外交官何凤山和日本外交官杉原千亩发给犹太人签证，潘均顺收留逃离屠杀的犹太少女等。展厅内最显眼的就是辛德勒名单的复制品，德国纳粹党员辛德勒散尽家财，行贿德军官员，解救了约1200人，成为国际义人的代表。

H展厅——最后的犹太人：集中的生活与死亡行军

展厅展示了犹太人艰难的生活状态，他们过着不如牛马的生活，被迫高强度工作，食品和药品奇缺，犹太人的体力被压榨，纳粹达到通过劳动灭绝犹太人的目的。随着纳粹在东线战场节节败退，许多东欧集中营被迫关闭，未被杀害的犹太人被迫转移到德国统治附近的集中营。犹太人被迫在严寒中长途跋涉，只有很少的食物和水，也得不到休息，那些坚持不住的人被枪杀。最大规模的死亡行军发生在1944年至1945年的冬季，即苏联军队开始解放波兰时。苏军到达奥斯维辛之前，纳粹将数万人带到距奥斯维辛约56公里处的沃奇斯拉夫，在那里，犹太人被押上货运列车送往其他营地。在波罗的海北部但泽地区的集中营里，7000名犹太人踏上了死亡之旅，其中有6000人是妇女。在十天的行军中，有700人被杀害，而那些活着到达海边的人也被赶到水里遭到枪杀。据统计，大约四分之一的人在行军途中死去。

I展厅——回归生活：犹太幸存者的遭遇

随着苏军攻克柏林，二战的欧洲战场结束，集中营得到全部解放。集中营的事实被公诸于世，这个大厅滚动播放着犹太人的悲惨经历，由于画面过于恐怖，在多年后才被解禁。被救下来的犹太幸存者也有很多由于长期营养不良和身体虚弱而死去。许多犹太人在返回家乡后也受到了来自其他人的敌意，尤其是一些东欧人担心犹太人回来后索回被占据的财产和房屋，在二战结束的几个月间，有将近1000名犹太幸存者被杀害。还有一些人指责犹太人是温顺的羔羊,没有大规模反抗纳粹的统治,这才导致他们被大规模屠杀,犹太幸存者面临尴尬的局面。展厅还展示了1948年5月14日本-古里安宣布以色列成立的画面。随后还会看到20世纪30年代波兰犹太儿童唱现在以色列国歌《希望》的画面,而他们大部分在二战中被杀害。

J展厅——名字堂

名字堂是展馆的终点,也是纪念馆最震撼人心的展厅。该展厅由罗斯柴尔德家族基金会捐献,旨在保存600万犹太遇难者的信息。在名字堂的入口写着一段诗:"请单单纪念我是无辜的,和你一样,也是终将死去的;我也曾有一副面孔,刻有喜怒哀乐,很简单的;一张人的脸!"这首小诗充分说明了名字堂的意义——试图记住每一个被杀害的犹太人的信息。大屠杀纪念馆建立之初,一项重要的工作便是最大可能地搜集整理每位遇难者的姓名,但是这项工作并不轻松,因为很多犹太人并不出名,再加上纳粹毁灭了大量证据。名字堂是个上下对称的巨大的圆锥体。上方是100多万尚未确认姓名的受难者照片,俯视着参观者,下方是个水池,象征着死难者埋葬在这里,四周是书架,可存放600万份"遇害者证词",目前保存整理出了300万份。在大屠杀过去的时间中,以色列已统计出了约200万犹太人的姓名,他们的名字在互联网公布。纪念馆还发起了"消失的100万"计划,以色列人打捞历史的工作还在继续。这份对生命的尊重与敬畏,让人们对犹太人肃然起敬。名字堂的负责人亚历山大·阿夫拉姆说:"那些人曾经存在过,但被整个世界抹去了。有人希望子孙后代知道他们是谁。"

从犹太大屠杀纪念馆出来之后,终于看到了阳光,那种压抑和愤怒的情感有所好转。犹太民族在历史上饱受磨难,尤其在二战中,600万犹太人被杀害,他们用大量数据还原那段痛苦的经历。一个民族只有铭记历史,才能避免类似的悲剧重演。

大屠杀纪念馆收藏了世界上最多的犹太人和其他受害者在纳粹统治下创作的艺术品,目前大约收藏了一万件作品,多数创作于大屠杀期间。在此时进行创作,不仅要冒着巨大的生命危险,而且材料缺乏,

名字堂　崔财周 摄

往往只能在一张薄薄的纸上进行创作,可见这些艺术品来之不易。这里还可以看到犹太艺术家格拉·塞克斯坦的遗嘱:"永别了我的朋友,永别了犹太同胞。再也不要允许这样的大灾难重演。我站在生和死的边界,确定我不会活下去了。我希望告别我的朋友们和作品……我捐赠我的作品给战后修建的犹太博物馆。"

鉴于纪念馆具有重大意义,众多国家政要都会前往参观,如英国前首相撒切尔夫人、美国前总统奥巴马。2013年,中国外交部部长王毅访问了博物馆,并指出:"以色列大屠杀纪念馆通过大量史实和证言,把当年法西斯主义产生的根源、社会背景和整个过程全景式发掘和展示出来,还历史以真实,给后人以警示,值得人们深思。"著名的旅游杂志《孤独星球》曾这样介绍大屠杀纪念馆:"人们还没见过世界上比这里更令人感动、更有力量的博物馆。这座博物馆是献给死于纳粹之手的600万犹太人的纪念碑,它是令人清醒的,但同样是美丽并令人振奋的。"

艺术的宝库：以色列国家博物馆

来到耶路撒冷，怎么能不去一趟以色列国家博物馆呢？况且这里馆藏如此丰富。以色列国家博物馆建于1965年，占地将近5万平方米，位于耶路撒冷吉瓦特拉姆区的山丘上，与以色列国会大厦、以色列最高法院和希伯来大学相邻。馆藏内有50万件展品，其中约7000件展品可在网络上查询到，主要收藏来自世界各地的考古、雕塑和传统艺术品。以色列国家博物馆每年吸引90余万名游客，它是以色列最大的博物馆，也是中东地区重要的博物馆之一。

博物馆最出名的恐怕是圣书之龛，这里收藏着《死海古卷》。从外观看，洁白的弧线和屋顶好像古代犹太人放书的陶罐，上方是一个巨大的灯，里面的《死海古卷》放在特殊装置里供人欣赏。《死海古卷》是犹太人考古史上的一大发现。1947年夏，一个阿拉伯牧人为寻找走失的羊只身到了死海西北角，无意进入一个洞穴，发现许多内藏羊皮卷的陶坛。这些羊皮卷后被证实是一些用希伯来文书写而成的早期犹

以色列国家博物馆大门　向倩 摄

太教和基督教经文。经过专家整理,《死海古卷》从内容上分为三部分,第一部分是《圣经》《次经》和《伪经》,其中所记录的人物都是《圣经》中出现过的;第二部分是对《圣经》的评论文章;第三部分是库兰成员留下的各种文献,包括宗教仪式和法律条文等。

接下来会看到比扎莱尔工艺美术馆,它有按照时期划分的展室,也有综合性的展厅。美术馆收藏了来自欧洲、非洲、美洲等大量的艺术作品。具体来看,美术馆分为四个部分,每个部分都有一个特定的数字作为代号。这四个部分分别是欧洲与现代艺术,以色列当代艺术、设计和建筑,版画、素描和摄影,亚洲、非洲与大洋洲的艺术。美术馆每年会举办大型展览会,也会不定期到世界各地的展馆参与展出。

布隆夫曼圣经和考古文物厅陈列了自 1948 年以来以色列重要的考古成果,另外还有一些来自埃及、希腊和伊斯兰国家的作品,令人眼花缭乱。其中在贝雷哈特拉姆遗址发现的女性雕像有 250 万年的历史。大卫城的石碑也非常出名,它是公元前 9 世纪为纪念亚兰哈薛在战争中取得胜利而立,从侧面证实了大卫王朝的存在。这里还收藏了狄俄尼索斯的陶瓷面具,它形成于公元前 5 世纪,据推测可能用于崇拜希腊神。伊朗伊斯法罕的壁龛建于 17 世纪,由彩玻璃、几何图形、花卉图案和《古兰经》经文砌成。漫步其中,仿佛穿越到那个年代。

保存《死海古卷》的耶路撒冷以色列博物馆(外观) 徐新 摄

保存《死海古卷》的耶路撒冷以色列博物馆（内景）

在巴勒斯坦地区发掘出的大型陶器

参观完室内的展厅，户外还有一个第二圣殿时期耶路撒冷城市的模型，它按照耶路撒冷1:50比例建造。此模型旨在重现1世纪耶路撒冷的样子，将以色列历史中重要的时期呈现出来。从南边看这个模型，能清晰看到希律王宫和大祭司该亚法的官邸。希律王宫边上有很多塔楼，也就是现在的大卫塔，对应的门就是雅法门。在罗宾逊拱附近有商店，商贩在这里售卖献祭用的禽鸟、兑换银钱等。威尔逊拱则与上城区相连，祭司和神职人员通过此拱直接进入圣殿。罗宾逊拱和威尔逊拱之间的这面墙就是现在的西墙，现在西墙上还有它们残存的遗迹。

馆内还有著名的比利罗斯艺术花园，它由日裔美国雕塑家野口勇设计。花园坐落在博物馆西面的斜坡上，由石头建造而成的高墙和拱门支撑。花园的设计理念把传统与现代结合起来，收集了很多国际著名雕塑家的作品。其中有一个几乎被吃光的大苹果格外引人注目，给人一种想再吃一口的感觉。艺术馆现在已经成为举办活动的热门场所，

第二圣殿时期耶路撒冷城市模型　崔财周　摄

其中比较火爆的是每年夏天举办的以色列品酒节。人们可以在这里一边品尝美酒，一边听听音乐，十分惬意，会发出"对酒当歌，人生几何"的感慨。除了品酒节，每年 8 月份还会举办风筝节，让人们享受放风筝的乐趣，这与中国的潍坊风筝节有很多相似之处，人们可以看到形态各异的各种风筝，心可能也随着风筝一起飞翔。同时这里还会举办不同类型的音乐以及舞蹈表演，传统与现代的都有，其中以色列爱乐乐团曾在这里多次演出，给人们带来一场又一场视觉和听觉的盛宴。

被吃光的大苹果　崔财周　摄

永不再陷落的城堡：马萨达

想要更加深入地了解犹太人，除了要去一趟耶路撒冷，马萨达也是一个必不可少的地方。马萨达位于犹地亚沙漠与死海交界处的一座岩石山顶上，其东侧悬崖高约 450 米，从山顶直下死海之滨，西侧悬崖高约 100 米。山顶平整，呈菱形，南北长约 600 米，东西宽约 300 米，周围城墙长约 1400 米。通向马萨达的自然道路都极为险峻，最主要的是东侧的"蛇道"。马萨达曾是希律王宫，也是犹太人抗击罗马人的最后据点。2001 年，联合国教科文组织把马萨达列为世界文化遗产。世界文化遗产委员会评价道："马萨达是一个地势险峻的天然堡垒，它威严肃穆地矗立在犹地亚沙漠中，俯瞰着死海。公元 73 年，在罗马军队的围攻下，该城堡遭到严重摧毁，它是犹太爱国者的最后一个据点。马萨达是由希律王修建的宫殿群，带有典型的早期罗马帝国的古典建筑风格。马萨达城堡外围的营地、堡垒以及坡道保存至今，它完整再现了罗马人在著名的'罗马围城'中的攻城工事。"

马萨达为希律王所建造，设施相当完善，尤其是集水系统发达。毕淑敏曾把马萨达形容为"死海边高昂的头颅"，别有一番韵味。马萨达地形较为陡峭，因此乘坐缆车上山是一个不错的选择。上到山顶后，远处望去是辽阔的死海。最佳的观景台是北面的希律王宫，它分为三层，上层是带有廊柱的方形平台，可以在这里避暑；中层是一个大厅，可供休闲娱乐；底层则是昔日希律王的住所。山顶的西侧有大量的石碑，据说这里是当年"罗马围城"的交战现场。据弗拉维奥·约瑟夫斯的《犹太战争》记载，犹太人不堪忍受罗马人的压迫，纷纷揭竿而起，最后被迫退守到马萨达。当年有 2 万罗马军队将马萨达团团围住，犹太人依靠充足的粮草和蓄水池，与罗马人对峙 3 年。在马萨达陷落的最后一刻，犹太人首领发表了著名的演讲："我们是最先起来反抗罗马，也是最后停止抗争的人。感谢耶和华给了我们这个机会，当我们从容就义时，我们是自由人，不论敌人多么希望我们做俘虏，他们都没有办法阻止我们。遗憾的是我们没能打败他们，但我们

马萨达的登山"蛇道"　徐新 摄

可以自由地选择与所爱的人一起去死。让我们的妻子没有受到蹂躏而死,孩子没有做过奴隶而死吧!……我们宁愿为自由而死,不为奴隶而生!"

这篇慷慨激昂的演讲象征着犹太人争取自由的最后战歌。由于犹太教规定犹太人不能自杀,所以他们用抽签的方式选取10个人,由他们杀死其他人,直到最后一个人死亡。这是一场自我屠杀,也体现了犹太人奋力抗争的精神,这是何等的气魄!每读此处,不禁感慨万分。第二天,罗马人整装待发,等他们占领马萨达时,被眼前的一幕惊呆了,没有看到一个活着的人,只有960多具尸体。约瑟夫斯在描述这些场景时,笔锋显得有些生硬,但在毕淑敏笔下,多了一些文学气息。

> 月黑风高死期已定的马萨达山顶。抽到第一次死签(实际上是暂时活着的签。不过这种活着,需要比引颈受死更大的勇气)的十人以外的所有人,和自己的妻子儿女一起躺在地上,相互拥抱,彼此感受着最后的温暖。那十个人走向大家,锋利白刃一一穿喉而过。很快,地上血流成河。在杀掉了所有人以后,他们又开始了新一轮的抽取死签。那个名字排在第二排第四个的人,领受了这一艰难使命……
>
> 思绪集中在最后那个勇士身上。据记载,当时城堡中共有967个人。这就是说,第一次中签的十个勇士,平均每个人要杀死将近一百个人,才算完成任务。被杀的人中,不但有共同迎敌苦苦守城的同胞,还有很多孱弱的妇女和熟睡的婴童。杀敌固然是一种勇敢,杀死亲人,更是需要异乎寻常的勇敢吧?连续杀死一百个人啊,看多少鲜血倒海翻江飙射而出,听多少呻吟嘎嘎作响惨绝人寰!一剑封喉,手腕不能有丝毫的抖动。动作要手起刀落干净利落,任何拖泥带水,都会增添亲人的痛苦……一串串热血烫弯了雪亮利剑,溅满了勇士残破的征衣。当他们再次把写有自己名字的陶片聚拢在一处后,最惨烈的英雄被遴选出来了。他要继续杀人,鲜血之上,再铺新红。如果说刚才还是一支团队,这一次,他

是彻彻底底孤独了,陪伴他的只有呜咽悲风。

毕淑敏用文学手法叙述了犹太人在马萨达最后的决绝。事实上,马萨达还有很多未解之谜。按照约瑟夫斯的说法,当马萨达血流成河时,有两个妇女和五个小孩躲在蓄水池中幸免于难,其中一个妇女向约瑟夫斯叙述了马萨达的经过,这也是《犹太战争》关于马萨达叙事的重要来源。关于罗马人围困马萨达3年的说法有待证实,有人表示只有一个月而已。在以色列,有人用"马萨达情结"专指那些顽固不化、不计后果、自我毁灭式的心理和相应的行为。但不论如何,随着马萨达考古发掘的深入,人们对它的了解进一步深入。耶路撒冷希伯来大学教授伊加尔·亚丁于1963年至1965年期间,带领考古队陆续挖掘马萨达,结果与史料的叙述基本一致。殿堂、库藏、防御工事、罗马军营和进攻工事一应俱全。古堡内遗迹有犹太希律王宫,也有古罗马浴池和蒸气室、储水库、墓碑、剧场以及犹太教徒祈祷的经典残卷等,颇富考古价值。现在的马萨达已经成为旅游胜地,也是犹太人进行爱国主义教育的重要场所。游客可以乘坐缆车到达山顶,而以色列军人必须爬上去。以色列青年参军后,都要前往马萨达,并在那里宣誓:"马萨达,永不再陷落!"或许马萨达的真实历史并不那么重要,犹太人追求自由的精神已经超出事件本身,每个人心中都会构建一个自己的马萨达。

圣城中的圣城:伯利恒

提起伯利恒,大家可能有点陌生,但要是说这是耶稣的出生地,可能会恍然大悟,原来耶稣出生在这里啊。伯利恒位于耶路撒冷以南,海拔680米,人口也就几万人,却被称为"圣城中的圣城"。在历史上,这里物产丰富,是一块宝地。伯利恒在希伯来语中的意思是"面包房子",而在阿拉伯语中的意思是"肉铺子"。从它的名字可以感知当时这里物产殷实的情景。不仅如此,这片小小的土地曾是大卫王和耶稣的故乡,还是犹太先祖雅各之妻埋葬之处。走进伯利恒,人们似乎重新回到了那个时代。与耶路撒冷相比,这里可能小了点,也没

说明伯利恒是耶稣诞生地和教科文组织认定的世界文化遗产的标牌　徐新　摄

伯利恒一瞥

伯利恒中心广场,耸立的是清真寺宣礼塔　徐新　摄

有耶路撒冷那么繁华和热闹，但宗教氛围丝毫不亚于耶路撒冷。在现代，伯利恒以穆斯林占多数，但仍然拥有巴勒斯坦最大的基督徒社区之一。伯利恒的经济支柱是旅游业，尤其在圣诞节期间，基督徒都会来此朝圣。

相传，当年为了配合人口普查，身怀六甲的玛利亚来到伯利恒，在马厩中生下耶稣。顺便提一下，人们现在所用的公历纪年法就是用耶稣出生那天计算的。在这里游人可以看到气势恢宏的圣诞教堂。圣诞教堂始建年份说法不一，较多的观点认为是公元325年。此前，希律王曾在此修建了一座神庙。当罗马君士坦丁大帝偕母亲海伦娜巡幸巴勒斯坦来到伯利恒时，海伦娜念及此地是耶稣降临人间的圣地，不禁心中充满敬意，遂下令拆除神庙，在原址上修建教堂，以此纪念。公元529年，教堂毁于战乱，现在的圣诞教堂是在原址基础上重建的，并保持了部分原来的建筑风格。在过去的1000多年里，重建后的圣诞教堂屡遭战火洗劫，伤痕累累。但随着时间的推移，教堂周围又增添了几个小教堂和修道院，建筑规模逐步扩大。想要进入教堂，需要

圣诞教堂外观　徐新　摄

圣诞教堂的入口　徐新　摄

将头尽量压低,方可进入一个仅有 1.2 米高的门洞,据说是为了让人们在耶稣的诞生地感到谦卑,感受到耶稣的伟大和自己的渺小。实际上,入口处本来是一扇高大的拱门,中世纪十字军东征时,为了阻止阿拉伯军队进入教堂,把门封了起来。后来为了方便教徒出入,在密封的门上开了一个小门。进入教堂后,两排整齐的石柱呈现在人们面前,大厅上方有一个大吊灯,照得整座教堂很敞亮,让人肃然起敬。这里还有很多管风琴,在这些庄严的管风琴伴奏下,映着一簇簇圣洁的烛光,这些操着不同语言的教徒们一同默念、吟诵、祷告,共祝耶稣诞生,共求耶稣将福祉永布人间。

教堂内最出名的是"圣诞洞",那里是耶稣的诞生地。圣诞洞非常狭窄,长约 13 米,宽约 3 米,在它的上方悬着 15 盏基督教各派的长明灯。在这里,游人可以看到一个半圆形的大理石壁龛,地面上有一颗闪闪发光的银星,特别标识耶稣出生的地方。银星被称为"伯利恒之星",上面刻着拉丁文字"圣母玛利亚诞生了耶稣"。银星刻于 1717 年,但在 1847 年被盗,于 1853 年使用复制品代替。教堂内有很

伯利恒之星

多描述耶稣降生的文字,络绎不绝的教徒凝视着闪闪发光的银星,默默地祈祷着,经常用手抚摸或者亲吻银星。

出了圣诞教堂,不远处便是"乳石洞",这又是一个比较神圣的地方。据《圣经》记载,耶稣出生后,波斯的3名博士(智者)看到巴勒斯坦上空有一颗星星闪闪发光。经过占卜,得知那里出了一位伟人,他们携带黄金、乳香等礼品来到伯利恒,找到耶稣并称他为犹太人之王。希律王得知后,害怕耶稣威胁自己的统治,便下令逮捕耶稣。在寻找未果后,便下令杀死周围两岁以下的孩子。玛利亚和约瑟带着耶稣前往埃及避难,刚出门不久便遇到一群士兵,他们躲到洞里,躲过官兵的搜捕。在这个山洞中,玛利亚给耶稣哺乳。据说,玛利亚的一滴母乳滴落在洞中石头上,石头立马变成乳白色。后来这个洞被称为"乳石洞",每天都有很多信徒来这里祈祷。

在伯利恒的北部还有一座著名的墓地——拉结墓。据《圣经》记载,拉结是犹太人祖先雅各的第二位和最宠爱的妻子。当年雅各用计谋骗取继承权后,担心哥哥以扫回来报仇,便躲到舅舅拉班那里,在那里爱上了舅舅的二女儿拉结。拉班同意将女儿嫁给雅各，但必须在他手下工作七年，为了爱情，雅各同意了。七年后，拉班变了卦，只同意将大女儿嫁给雅各，除非再为他工作七年，雅各再次同意了。最终，雅各与拉结结婚了，双方非常恩爱，但一直没有子嗣，他们开始寻求耶和华的帮助，后来终于有了孩子约瑟。当她再次生育时，不幸难产去世。虽然拉结命运多舛，但心地善良，深受犹太人的爱戴，并将她奉为"永恒的慈母"。拉结墓在一处比较荒凉的开阔地上，近处有几株茂盛的橄榄树。大约在15世纪，墓地被改为穹顶式建筑，穹顶高3米，四周的围墙约7米，高约6米，是一个典型的伊斯兰风格建筑。说到这里，大家可能会比较奇怪，犹太人的慈母，墓地为什么会是伊斯兰建筑风格，这是因为穆斯林对拉结也非常崇拜。拉结的墓地现在已成为祈求儿童平安或顺利生产的地方。1841年，摩西·蒙蒂菲奥里爵士翻修拉结墓，又扩建了墓地，于是就有了人们现今看到的建筑结构。许多犹太人慕名而来，特别是在长辈的忌日，更是有大批信徒造访此地。

列祖之城：希伯仑

希伯仑是西岸地区的一个城市，位于耶路撒冷以南30公里，海拔高度为930米。希伯仑在希伯来语的意思是结合、结盟，而阿拉伯语叫法是"哈利勒"，意为"朋友易卜拉欣"，根据伊斯兰教教义，意为安拉选择易卜拉欣作为他的朋友。从希伯仑的宗教地位来看，它是仅次于耶路撒冷的圣城。

希伯仑是中东古老的城市之一，也是世界上持续有人居住的古老城市之一。希伯仑是古代迦南人的一个都城，它被以色列人征服之后，它成为犹大支派的主要中心之一，大卫王曾建都于此，直到夺取耶路撒冷，才将以色列王国的首都迁往那里。公元前587年圣殿被毁以后，希伯仑的大部分犹太人流亡他处，希伯仑被以东人占据。公元6世纪，拜占庭皇帝查士丁尼一世在麦比拉洞上方建立了一座基督教堂，后来在614年被萨珊王朝摧毁，在中世纪，希伯仑臣服于伊斯兰教政权的统治，亚伯拉罕墓的所在地麦比拉洞也由一座东正教堂改为清真寺。

一 耶路撒冷及其周边　043

希伯仑的列祖墓，即麦比拉洞。真主之友易卜拉欣（亚伯拉罕）清真寺

在英国委任统治时期，发生了"希伯仑大屠杀"，阿拉伯人杀死了67名犹太人，打伤60人。在巴勒斯坦阿拉伯人起义后，英国政府决定迁走所有希伯仑城外的犹太人，以避免再一次屠杀。1948年以色列建国后，约旦占领了希伯仑和西岸地区其他地方。这一时期，以色列人不被允许进入西岸地区，西岸地区的犹太区被摧毁，犹太人墓地遭到亵渎。第三次中东战争后，以色列控制了包括希伯仑在内的西岸地区。1997年《奥斯陆协议》签订后，该市被分为2个部分：H1和H2。H1区拥有12万巴勒斯坦人，由巴勒斯坦民族权力机构控制，而H2区居住着大约3万巴勒斯坦人，处于以色列军事控制之下。

　　希伯仑最为出名的景点是麦比拉洞，由于它与三大亚伯拉罕宗教都有关系，因此被视为它们的圣地。根据《圣经》记载，亚伯拉罕在希伯仑买下了一处山洞和周边的田园以安葬妻子撒拉。其后，亚伯拉罕、以撒、利百加、雅各和利亚都安葬于此（只有拉结安葬在伯利恒城外）。因此，这里有"列祖之城"之称。在麦比拉洞上方建有真主之友易卜拉欣（亚伯拉罕）清真寺，气势宏伟，肃穆庄严，是一处神圣的地方。至于先祖们安息的麦比拉洞，由于上面已经有穆斯林兴建的易卜拉欣清真寺，所以大部分仍然归穆斯林管理，但是以色列要求划分一部分给犹太人来做礼拜。于是清真寺被分成两个部分，分别由犹太人和穆斯林来使用。目前，犹太人和穆斯林在这座城市相安无事，但是所有人都知道，伴随着《奥斯陆协议》的搁浅，以及以色列和巴勒斯坦的恩怨，犹太人定居点问题，先祖们的灵魂恐怕难以在这座先祖之城安息。

徒步和避暑胜地——艾因盖迪自然保护区

艾因盖迪位于以色列境内的一处绿洲，在死海西侧，毗邻马萨达和库姆兰。艾因盖迪因其独特的地理环境，众多的岩洞矿泉，以及种类丰富的动植物而闻名于世，是以色列著名的旅游胜地。

艾因盖迪有悠久的历史，考古发现了公元前3000年的建筑物遗迹，证明此地曾存在以农业为基础的文明，并已经发展出了历法。后来犹

艾因盖迪瀑布

太人建立了艾因盖迪城，因生产一种秘制香料而闻名，远销希腊、罗马等地，并以此积累了大量财富。但该城在拜占庭帝国皇帝查士丁尼一世时期被摧毁，这种香料也就此失传。1884年，美国探险队发现此地，并将它命名为乔治·华盛顿泉。1956年，一些犹太人在艾因盖迪绿洲旁建立了基布兹，以生产反季节水果和矿泉水著称，1972年，以色列政府将艾因盖迪列为自然保护区，如今它是以色列最重要的国家公园之一。

艾因盖迪自然保护区为游客提供了9条以上不同的徒步旅行路线，它们适合所有类型的徒步旅行者。其中最受欢迎的徒步旅行路线是瓦迪—大卫路线，分为上下两段，下段适合所有的徒步旅行者，而上段适合喜欢稍具有挑战性的徒步旅行者。下段路线从售票处到大卫瀑布，预计不到一个小时即可完成。这里有明显的路标标志，沿途将会看到一直有河水流淌，与周围的沙漠相比，你会十分惊讶于这里的景色。走到大卫瀑布这里，大有以色列版的"黄河之水天上来"的气势。上段路线相对困难一些，需要三四个小时的徒步旅行。从大卫瀑布继续

艾因盖迪自然保护区的努比亚山羊

向前走,可以看到舒拉米特之泉、多迪姆之洞,最后是艾因盖迪泉。这些小路要经常爬上爬下,比较消耗体力。但无论采取哪条路线徒步,你都会领略到艾因盖迪自然保护区的美景。

艾因盖迪自然保护区不仅因其令人叹为观止的自然美景而闻名,而且还有野生动植物的自然栖息地。努比亚山羊是自然和公园管理局的标志,它们生活在峭壁和岩石地区,该保护区是以色列最大的山羊群栖息地之一。除了山羊之外,这里还有非常引人注目的岩鬣狗、狐狸、狼和蝙蝠,都在夜间活动,保护区内已记录到16种蝙蝠。值得一提的还有扇尾乌鸦、黑尾鸲和沙鹨。在爬行动物中,有一种难得一见的毒蛇——以色列钻天蛇,生活在该地区的其他蛇类还有埃希斯和辫子蛇。当然了,你还可以看到很多罕见的植物,如伞刺相思、雅沙树、沙漠海枣等,在水边还有地中海沙棘、溪柳、幼发拉底杨和芦苇等。保护区中沙漠、草原和地中海等地貌交错,为众多物种的繁衍提供了殊为难得的生存条件。这些不常见的动植物,绝对让你大饱眼福。

地球的肚脐:死海

在以前的地理课本上,有一张图片是一个人漂浮在水面上,看着报纸,那时人们觉得十分神奇,没错,那就是死海。死海其实不是海,它是一个咸水湖,位于以色列、约旦交界处,是世界上最低的湖泊,海拔 -430.5 米,有"地球的肚脐"之称。死海南北长86公里,东西宽5到16公里不等,最深处为380米。死海中含有高浓度的盐分,为一般海水的8.6倍,致使水中没有生物存活,甚至连死海沿岸的陆地上也只有一些零星的水草,这也是死海得名的原因。远远望去,死海形似一条双尾鱼,在阳光的照射下,海面像一面古老的铜镜。

死海形成的原因主要是地壳板块的漂移运动。在300万年前,非洲板块和阿拉伯板块以不同的速度平移,造成了板块之间的错位断裂,形成了大裂谷,而死海裂谷是大裂谷的一部分。在150万年前,地壳的运动使地中海与死海裂谷之间的陆地抬升,阻断了海水进入海湾口,于是海湾变成了一个微咸的大湖。地壳的运动、地球上气候的周期性

死海　杨金荣　摄

变化使湖水的面积和深度不断发生着变化,最后演变成现在的死海。《圣经》中多次提到死海。根据记载,在以色列人来到迦南之前,死海附近的洞穴就已经有人居住,并在大卫王时期达到顶峰。死海的西北是耶利哥,东南岸某个地方可能就是所多玛与蛾摩拉以及另外三个平原城市。据说大卫王曾经为了躲避扫罗王而藏身于死海附近。在《以西结书》中,有一个预言说死海将被治愈并变得新鲜,成为能够支持海洋生物繁衍的普通湖泊。《撒迦利亚书》也提到过类似的预言,说:"活水将从耶路撒冷流出,其中一半流到东海(应当是死海),一半流到西海(地中海)。"

  关于死海有很多传说。远古时期,这里是一片陆地,当地的居民经常作恶,不知悔改,上帝决定惩罚他们。但上帝暗中告知城中的好人罗得,让他携带家眷离开这里,并说明不管发生什么都不要回头。罗得按照约定的时间离开这片区域,转眼间,城镇发生大火,他的妻子忍不住回头看了一眼，就变成了盐柱。然后，这片区域变成汪洋大海，这就是死海。罗得的妻子因违反上帝的告诫变成盐柱，城镇的居民由于恶行遭到上帝的惩罚，让他们没有水喝，没有水种庄稼。这当然只是一个传说，但为死海的由来增添了神秘色彩。还有一个有意思的记载，传说当年罗马人把战俘扔进死海中淹死，但他们竟然毫发无损地回到岸边，罗马人认为这是神的帮助，于是下令释放所有战俘。关于这件事的真伪不得而知，但试想一下，在罗马时期，把人扔进水里，人却安然无恙，这的确是一件神奇的事情，难怪罗马人会认为是神的帮助。

初见死海的水是绿色的，但由于水深不同，死海在阳光的照耀下会呈现出墨绿、草绿等颜色，让人好不喜欢。死海旁边有很多浴场，当沿着90号公路向北行驶时，人们便会来到卡利亚浴场。卡利亚浴场是北段比较出名的浴场，浴场内有更衣室、沐浴场、餐厅、酒店等各种设施。卡利亚浴场有很多鹅卵石，水底下也有很多石头，有些比较锋利，在玩耍时要多注意。死海很平静，几乎没有什么浪花，人们可以肆意漂浮在水面上享受快乐。死海中含有多种矿物质，对人体有很多好处，尤其对治疗牛皮癣、瘙痒等很有帮助。据说当年埃及艳后克娄巴特拉将死海作为最喜欢的水疗地点，亚里士多德也提到过死海的治疗作用。如果有机会来死海漂浮一下，浑身涂上死海泥，是一件很惬意的事情。不过需要注意的是，在死海漂浮时，需要小心一点，一旦呛到水，也是十分难受的，尤其是水进入眼睛后，需要赶快用淡水冲洗。如果你想感受一下什么是苦涩，尝尝死海的水就知道了。死海附近的很多商店中有成袋的死海泥售卖，也可以在岸边随手挖一些。在死海漂浮后，身体非常光滑，在岸边的公共沐浴场用淡水冲洗一下，浑身都十分轻松，人们对它的功效有切身体会。由于具有健身美容的特殊功效，死海黑泥成为以色列非常受欢迎的出口产品。

死海中到底有没有生物一直是人们感兴趣的话题。通过美国和以色列科学家的研究发现，死海中有细菌和海藻生存。特别的是，死海中有一种叫作"盒状嗜盐细菌"的微生物，具备防止盐侵害的独特蛋白质。研究死海的生物有非常重要的意义，因为地球上的淡水资源是有限的，如果在缺乏淡水的情况下，生物可以继续生存，这对人类的发展无疑具有重要的意义。20世纪80年代以来，人们发现死海的水不断变红。经过长期研究发现，水中正迅速繁衍着一种红色的小生命——"盐菌"，其数量十分惊人，大约每立方厘米海水中含有2000亿个盐菌。另外，人们发现死海中还有一种单细胞藻类植物。如此看来，死海也是一个生机勃勃的世界。

  不可忽视的是，死海面临严重的环境问题。在漫长的岁月中，死海不断地蒸发浓缩，湖水越来越少，盐度也就越来越高。在中东地区，夏季最高气温达到50℃，而且死海的供水系统约旦河的很多水用于农业灌溉和工业用水，所以它面临水枯竭的危险。据专家统计，死海每年水位下降1米左右，长此以往，若干年后，死海将不复存在。因此，如果人们要想继续漂浮在死海上，拯救死海计划刻不容缓。面对死海危机，人们曾提出两个方案，一是把地中海的水注入死海，这意味着从西向东修建一条运河，难度较大，而且由于沿途地质不稳定，这一计划并未实施。另一计划是引红海水注入死海，沿途修建水电站，积极发展旅游业，这是一个不错的提议。该计划在1994年得到以色列和约旦的支持，但随着巴以冲突再起，红海方案搁置。在死海的背后隐藏着复杂的政治斗争，死海到底能不能得到有效保护，仍然是一个难题。

二

特拉维夫及其周边

　　游完历史厚重的耶路撒冷,再来特拉维夫游玩一番,那绝对是另外一种感受。这里既有历史悠久的雅法古城,又有现代化的特拉维夫大都市。进入雅法老城,首先看到的就是钟楼,很有年代感,附近是跳蚤市场,可以淘一些老物件。漫步在纵横交错的小巷中,仿佛有一种穿越感。这里有信念之门,类似于法国的凯旋门,也会看到十二星

特拉维夫海滩

座许愿桥,据说许愿很灵验。还有一排排白色混凝土建筑,这是特拉维夫著名的包豪斯建筑,特拉维夫因此又被称为"白城'。2003年包豪斯建筑被列为世界文化遗产。看完这些,可以发现特拉维夫与耶路撒冷给人不一样的感觉。然后,再去戈登海滩和希尔顿海滩吹吹海风,玩玩沙滩排球,也是不错的选择。之后,再去游览一下以色列钻石交易中心,会有另外一番收获。交易中心的钻石不但款式多样,设计巧妙,而且价钱也比较合理,为自己的爱人挑选一颗钻石,绝对是一件浪漫的事情。

当然了,这里还有非常出名的犹太人博物馆和大流散博物馆。犹太人博物馆展示了世界各地的犹太博物馆,以及以色列建国后犹太移民的生活。大流散博物馆建有独立的数据库,可以查询到犹太人的社团。附近还有一座非常现代化的博物馆——特拉维夫艺术博物馆,它综合收藏了古典和现代艺术品,还可以看到各个艺术流派和艺术家的作品。

离特拉维夫不远处便是霍隆市,它算不上有名,但也值得一看。来到这里,先去一趟霍隆设计博物馆,这里有各种设计巧妙的展品,如纺织品、珠宝、鞋等各类物品。其中舞会服装展览尤为出名,有各个年代和各种款式的服装,让人目不暇接。霍隆还有一家特殊的以色列儿童博物馆,它有三个特色主题,每个主题都让人有不一样的体验,是亲子游玩的不二之选。

有故事的城市:雅法老城

雅法是一座具有4000年历史的城市,也是世界上最古老的城市之一。关于雅法的来源有很多有意思的故事,据说,雅法的称呼来源于诺亚的儿子雅弗。在大洪水退去后,幸存下来的雅弗在这里建立了一座城市,取名为雅弗,后来逐渐演变为雅法。还有一些人认为,雅法是希伯来语"美丽"一词的谐音,代表这里风景优美。从青铜时代开始,雅法因其天然的港湾而被人类所使用。在公元前1440年的古埃及书信中就有提到雅法被图特摩斯三世所征服,雅法先后受到埃及、阿拔斯王朝、奥斯曼帝国等的统治。19世纪中期以来,欧美和俄国势

包豪斯建筑，白城的建筑标志

有百年历史的包豪斯建筑

力渗透到雅法,他们纷纷在这里拓展势力范围。因此,游人在雅法可以看到天主教教堂、东正教教堂和形式多样的建筑。

来到雅法老城,最先映入眼帘的是一个高大的钟楼。在中国西安、南京等城市也有类似的钟楼,但雅法的钟楼更高一些。钟楼是奥斯曼帝国苏丹哈米德二世出资修建的,虽然比不上英国的大本钟,但也十分有特色,是一处很棒的集合地。在钟楼广场附近有很多小吃摊,导致空中弥漫着各种烟熏味,还有各种各样的橱窗,出售各种穆斯林风格的头巾和服装。不远处便是雅法非常著名的跳蚤市场,这里可以淘到很多便宜的二手货,如果你懂行,或许还能买到古董。这里的商品很多,有看着泛黄的唱片,还有各种纪念品。除此之外,这里经常有音乐会、杂技表演等,有点像中国的庙会,非常热闹。周边还有很多精品店、悠闲舒适的咖啡馆、时尚的酒吧、复古的服饰店等。需要注意的是,周六街边很多小摊和商店不营业,只有一些咖啡馆和餐馆会

雅法广场上竖立的为游客指路的拿破仑像 徐新 摄

继续营业。穿过热闹的跳蚤市场,眼前则是新的天地。首先看到的是彼得教堂,它是雅法的地标性建筑,面向地中海是米黄色,背向大海则是砖红色,在四周树木的映衬下,显得格外秀丽。彼得教堂是为了纪念耶稣的弟子彼得而建,后来成为十字军的一座城堡。17世纪,很多准备前往耶路撒冷或伯利恒朝圣的基督徒都会在雅法登陆,这里逐步繁荣起来。后来,彼得教堂成为出海人的灯塔,指引出海人返回港口。

在教堂不远处,有一尊拿破仑的雕像。据记载,当年拿破仑攻下雅法后,便居住在彼得教堂。法国人来到这里后干了很多坏事,不久城里流行瘟疫,死了很多人。现在法国卢浮宫中还有一幅画名为《雅法城的黑疫病人》,描述的就是这段历史。这里还有著名的安德罗米礁石,说到这里还有一个有趣的传说。据说当时的雅法总督凯非俄斯的妻子卡西欧庇亚夸耀自己比海神波塞冬的侍女——海仙子纳瑞兹更漂亮,海神听说后非常生气,为了惩罚她,便发洪水淹没此地,并派海怪骚扰。后来凯非俄斯得到神的指引,把女儿安德罗米喂食海妖,灾难将会免除。迫于无奈,凯非俄斯把女儿绑在海边的礁石上。此时,

今日的雅法港,已经不再作为海港使用

宙斯的儿子帕修斯正好路过,被安德罗米的美貌所吸引,果断杀死了海妖,救出了安德罗米,两人不久后便结婚了。

雅法还有很多有意思的故事。据说,上帝指示约拿去尼尼微传道,劝那里的居民改邪归正,但约拿并不想拯救敌国的居民,便没有遵从上帝的旨意,从雅法乘船去相反的方向。当船行驶一段后,海上刮起大风,掀起巨浪。船上的人们惊慌失措,大声祈祷,但风浪依然不止。人们开始抽签决定谁造成了这场风浪,结果抽到了约拿。约拿讲述了自己的经历,后来人们便把他扔进海里,海上的风浪便停止了。有趣的是,约拿被一只鲸吞了下去,并在腹中困了三天,直到他顺从上帝的旨意,鲸才把他放到陆地上。这些传说并不是真实的,但它为雅法披上了一层神秘的面纱,为人们探寻古老的雅法带来了更多的乐趣。沿凯杜明广场向小山坡前行,山顶平台上有一座类似凯旋门的大门柱,叫"信念之门"。门柱雕刻着《圣经》的故事:一侧是亚伯拉罕将儿子以撒献祭并得到神应允和替罪羔羊;另一侧是亚伯拉罕的孙子雅各梦见天梯,耶和华应许赐给他土地和后裔并给予恩宠;横梁雕刻的是古城杰里科陷落之事。

雅法老城现在的大多建筑都是艺术家的工作室和艺术品店,同时也成为十二星座的代言地。雅法老城有十二星座的喷泉、十二星座巷子、十二星座的许愿桥。这个地方对于星座爱好者来说是令人向往的地方,据说找到自己星座的浮雕,然后许愿,就能愿望成真。沿着纵横交错的巷子悠闲地散步,不用担心会迷路,因为路都是连着的,或许你沿着一个巷子走到海边,或者你走到某处古老的建筑物旁边看见一对新人成婚,或者你看到未见过的仪式,这些都是有可能的。只要你走在那里,总会遇到额外的惊喜,或许这就是雅法老城的魅力所在。

现代城市的代表:特拉维夫

如果你喜欢现代化大都市,一定要来特拉维夫。特拉维夫-雅法通常简称为特拉维夫,它濒临东地中海,人口约40万,是以色列第二大城市,也是国际社会普遍承认的以色列首都(六部分外国大使馆

雅法纪念千禧年制作的"信念之门" 杨金荣 摄

驻扎在特拉维夫)。特拉维夫的希伯来语意思是"春天的小山",象征着新生和复兴。现代特拉维夫市兴建于1909年,是由一批犹太移民为逃避邻近雅法昂贵的房价而兴建,因此,特拉维夫被称为"现代第一座希伯来城市"。在1950年,特拉维夫和雅法两市合并成立特拉维夫-雅法市。今天,特拉维夫被认为是以色列最为国际化的经济中心,以及所谓"硅溪"地区的心脏,被公认为是以色列的文化之都。著名时尚旅游杂志《孤独星球》曾把特拉维夫列为全球十大必去的城市之一,可见它的美丽所在。

20世纪30年代大规模的犹太移民运动彻底改变了特拉维夫,德国人、奥地利人、捷克人来到了特拉维夫城,其中大部分移民家庭富裕且受过良好的教育,尤其是来自德国的犹太人还带来了巨额资金,他们是经验丰富的建设者和投资家。这些新犹太移民有很多毕业于巴黎、布鲁塞尔、维也纳、华沙、柏林、布达佩斯等知名艺术院校的建筑师,其中19人曾在德国的国立包豪斯学校学习,他们建造了举世瞩目的包豪斯建筑群。这种现代主义流派的建筑风格以明快的结构、舒适的功能和崭新的材料引起了不小的轰动。其主要建筑特点为:方正平顶,如火柴盒样式,构造轻巧,线条明晰,墙面多、窗户小,外表为白色或混凝土白色,玻璃与砖石相得益彰。目前,特拉维夫市约有4000幢这样的建筑,其中约1000幢被列入世界文化遗产。这些小楼的外墙大多为白色或浅白色,在阳光的映照下分外夺目,以色列人喜欢称其为白城。

特拉维夫白城(也被称为包豪斯建筑群)是现代运动的集中体现,2003年,它被联合国教科文组织列为世界文化遗产。世界文化遗产委员会评价道:"特拉维夫建于1909年,并逐渐发展成为一个大都市。在20世纪30年代到50年代间,白城体现了现代城市发展规划的基本原则。城中的建筑物由在欧洲培训和实习的建筑师设计而成,他们以全新的文化理念创造了一个杰出的现代运动建筑群。"

白城的建立一方面是适应特拉维夫气候的需要,另一方面也是犹太精神的体现。特拉维夫是典型的地中海气候,夏季炎热干燥,冬季温和多雨,现代建筑运动所倡导的立柱、阳台和栏杆等手法正好有利于通风。为了使每间房间都有良好朝向，建筑师们在立方体的造型基础上还会加上嵌入式阳台，使南面房间少受阳光直射。除此之外，白城建立时正是犹太人复国运动高涨时期，选择白色的混凝土建造房屋，建筑物在阳光的照耀下闪闪发光，象征着犹太人生机勃勃的运动。

　　老一些的白城建筑群在比阿力克、罗斯柴尔德和阿伦比大街附近，新式的白城建筑群集中在拉马特附近。很多旅行社把游览白城纳入旅游线路中，就是为了让旅客一睹现代建筑的美景。参观白城主要有三条路线，分别称之为迪岑哥夫、罗特希德和比亚利科，这三条路线分别经过不同的白城建筑。此外，以色列政府还十分注重对民众的宣传教育，从学校到社会，都会强调保护白城的重要性。每年6月，特拉维夫市都要通过集会或举办活动来宣传白城，使它的文化意义和知名度逐年提升，同时也吸引了众多游人前来参观。

享乐都会：沙滩、酒吧、运动

　　以色列人经常会说，在耶路撒冷祈祷，在海法工作，在特拉维夫生活。这绝非戏言，而是他们真实的感受。来到特拉维夫海边，双脚漫步在沙滩上，踩着细软的沙子，再惬意不过了，而且大部分沙滩都是免费的，几个人自由地拍拍照，甚是自在。尤其以戈登海滩和希尔顿海滩比较出名，它们是特拉维夫的主要海滩，设施齐全，配有日光浴躺椅、户外健身房和餐馆。戈登海滩位于附近的小码头，有一个长50米的海水池，还设有儿童专用游泳池。希尔顿海滩以附近的希尔顿酒店命名，它分为三个部分：北面是遛狗者海滩（这是唯一一处以色列官方允许带狗进入的海滩），中间是非官方的同性恋海滩，南面主要是冲浪者的天堂。这里的海滩也经常举办皮划艇和风帆活动。由于特拉维夫是一座现代化大都市，身着各色比基尼的美女们在沙滩上自由玩耍，这时候躺在躺椅上，拿着一张报纸，观赏来来往往的行人，也是一种享受。沙滩排球也是不能错过的，漫步在沙滩上，经常会看到身着不同颜色衣服的人们在沙滩上对决，尽情享受运动的乐趣。

　　特拉维夫还有各式各样的酒吧，尤其到了晚上，男男女女们踩着跳动的节奏一起摇摆，是放松心情的好去处。其中比较有特色的酒吧

哈雅孔公园一瞥

是 Kanta 和 BuXa。Kanta 酒吧位于拉宾广场城市花园购物中心的屋顶之上，是特拉维夫特别棒的户外露台之一。酒吧被植被环绕，一到晚上灯火通明，人们可以到此享受一下美味佳肴，也可以尝尝锡安之狮鸡尾酒，它由杜松子酒、橙汁等调制而成，好不惬意。BuXa 酒吧既有一个艺术展览区，又有高档的鸡尾酒酒吧，还有地下室 DJ 舞台，可谓是多功能酒吧。地下室舞厅经常举办现场音乐活动，演奏的风格有很多是披头士风格，深受年轻人的喜欢。这里也有很多音乐俱乐部，其中金星扎帕俱乐部十分出名。这家俱乐部的名称源自大名鼎鼎的弗兰克·扎帕，许多著名的音乐人在这里演出。去之前最好提前打电话预约一下，不然很难找到位子，这也可见其火爆程度。

下午的时候是特拉维夫城北哈雅孔公园最热闹的时候，在水中有皮划艇爱好者，操场上有篮球和排球喜好者。在特拉维夫海边还有一条长达 10 公里的跑道，每天都有很多长跑爱好者，吹着凉爽的海风，偶尔抬头看看蔚蓝的天空，似乎整个城市都在运动中。特拉维夫国际马拉松比赛通常在每年 2 月份举行，有全马、半马、10 公里和 5 公里比赛。赛事有各种赞助商，同时也会组织各式各样的活动，三五成群的人们悠闲地交谈着，整个城市一连好几天都沉浸在欢乐的海洋中。

以色列钻石交易中心

在沙滩玩耍后，去看看以色列钻石交易中心也是一个不错的选择。犹太人在珠宝领域的悠久历史与犹太民族的遭遇有着紧密关联，钻石珠宝因体积小而易于携带，且价值高，这被长期流散中无安全感的犹太人所钟情，在任何有突发事件的时候，他们都可以立即带着自己的钻石珠宝离开。有一种说法，英文中宝石（JEWEL）一词是从"犹太人"（JEW）转变而来。虽然人们无法证实这个说法，但犹太人最早开发了宝石的首饰用途却是不争的事实。以色列的现代钻石工业始于1930年，是当时比利时犹太移民带入，到1940年，以色列已有多家钻石加工厂。到了1968年，由于以色列钻石业快速发展，加工厂被搬到特拉维夫旁的拉马特甘，这就是现在的以色列钻石交易中心。

以色列的钻石加工工业采用先进的切割和抛光技术，这些先进技术大部分都是在本国研发的，知识渊博而经验丰富的技术人员不断创新是以色列钻石加工业能引领世界潮流的根本所在。如今的以色列钻石交易所由四幢互相连通的摩天大楼构成，它们一同组成了一座雄伟的建筑，楼内部有天桥连接，配有先进的安保系统。钻石交易所拥有3100名员工，还有银行、宝石实验室、邮局、餐厅、医疗服务和犹太会堂等设施，为所有商户和访问者提供了进行交易所需的一切服务。每天大约有1.5万人进出以色列钻石交易中心，节假日更多。

在钻石交易中心，你几乎可以买到任何类型、尺寸和外形的钻石。另外，钻石交易中心也为特拉维夫的游客免费提供4小时的室内观光行程，游客可以选择8种不同语言的语音导游。值得一提的是，随着中国人民生活水平的提高，中国成为钻石重要的进口国，以色列钻石行业也非常看好中国，在北京、上海和香港特别行政区会看到一些以色列加工的钻石。钻石对中国人来说非常重要，有一句非常出名的广告语——钻石恒久远，一颗永流传，钻石通常成为婚嫁的必备品。

小贴士：进入以色列钻石交易中心的任何一幢大楼之前，安保人员都要检查人们的包裹和随身携带的各种物件，除特殊情况外，普通人员的照相机、摄像机等一概不得带入。在登记窗口，须用护照或身份证等有效证件换取出入磁卡。同时，工作人员通过计算机网络核实进入者的身份信息，并现场拍摄头像快照，打印在出入卡上。通过两道关卡后，再划磁卡通过一道铁栅栏，才算完全进入大楼。

犹太人的历史记忆：犹太人博物馆和大流散博物馆

犹太人博物馆和大流散博物馆位于特拉维夫大学内，这两个博物馆做到了视听的有效结合，除了照片和文字解说，还有大量的纪录片和视频，可以让人们更加直观地了解犹太人历史。

犹太人博物馆二楼有4个展厅：犹太会堂的历史展厅、鲍勃·迪伦厅、犹太民族英雄展厅和以色列建国后犹太移民的生活展厅。犹太会堂的历史展厅介绍了犹太会堂的前世今生以及世界各地的犹太会堂。每个会堂都配有模型和讲解，生动形象地描绘了各个时期、各个地方的犹太会堂。而鲍勃·迪伦厅是为了展示鲍勃·迪伦对犹太人的贡献。迪伦是一名美国犹太摇滚艺术家，2016年获得诺贝尔文学奖，他曾经三次来到以色列旅游，还在基布兹参与劳作。进入展厅后，你可以跟着迪伦的音乐跳动，还可以看到他的一些名句以及与犹太人之间的联系。博物馆还有一个关于犹太民族英雄的展厅，参观者将见到犹太历史上不同类型的犹太英雄，包括科学家、知识分子、革命者、运动员等。这一非凡而多样的选择代表了犹太民族在历史上的英雄主义，同时表明成功是由许多不同的面孔共同完成的。最后一个房间介绍以色列建国后犹太移民的生活。房间有5个小的主题，分别是：就业与失业、种族歧视与跨社区通婚、定居与分离、责任和宿命论以及梦想和渴望。每一个小的主题都有一段视频，生动形象地回顾了犹太移民在以色列的基本概况。博物馆不定期举行犹太人的重大历史事件展览，如2014年展览了"摩西行动"30年事件。在1984—1985年

Schulhof 犹太会堂　崔财周 摄

埃塞俄比亚犹太人移居以色列期间，当时的摄影师多伦·巴切用 1000 张照片记录了全过程。后来巴切与电影导演奥利·马莱萨制作视频，记录了过去 30 年埃塞俄比亚犹太移民在以色列的基本情况。展览通过文字和视频，讲述了埃塞俄比亚犹太移民家庭的故事，重点突出他们在以色列的亲身经历和变化，以及以色列社会对他们的接纳和排斥。

大流散博物馆于 1978 年 5 月对外开放，在当时是世界上最先进的博物馆之一。博物馆建有独立的数据库，犹太人可以查询到自己的家谱、名字的起源以及自己所在社团的历史。当参观完大流散博物馆后，人们会感受到它已经超出了博物馆的功能，因为它还代表着犹太人坚韧不拔的精神。大流散博物馆向世界传达了犹太人传奇的故事以及犹太文化、宗教等方面的情况，同时展示了犹太人对人类做出的贡献。展览的亮点是带领游客穿越犹太人生活的时代，让游客了解犹太人充满创造力和多样性的独特故事。这一点与中国人去大槐树下寻根问祖有相似之处，让人感到非常有意思。

博物馆的展品按照六个不同的主题进行展览，每个展区都有相关的学习研究场所。这种展出方式由诗人阿巴·科夫纳提出，可以更好地展示犹太人流散的历史。博物馆为中国游客提供普通话音频和视频资料,让游客们在了解博物馆时没有语言障碍。馆内藏品很多,也非常安静,进入后,你会不自觉地放慢脚步,慢慢欣赏每一件藏品,似乎它们都在向你倾诉自己的故事。

特拉维夫艺术博物馆

除了犹太人博物馆和大流散博物馆,还有一座现代博物馆——特拉维夫艺术博物馆。它建造于1932年,位于特拉维夫首任市长梅尔·迪岑哥夫的故居内。1948年5月14日,本-古里安在那里宣布以色列独立。因此,博物馆不仅是奇妙的艺术展览地,还在无形之中被增添了一些政治色彩,作为以色列独立精神的重要地标。

现馆址于1971年开放,设有中心画廊,综合收藏了古典和现代艺术品,特别是以色列艺术品。走到博物馆大门前,首先会看到一个巨大的双面板墙,它是1989年由美国波普艺术家罗伊·利希滕斯坦创建。博物馆的藏品代表了20世纪上半期重要的艺术流派和艺术家,

特拉维夫艺术博物馆门口

其中包括野兽派、德国表现主义、未来主义、超现实主义等,博物馆长期展出莫奈、毕加索、皮萨罗、柯罗等艺术家的作品。此外,馆内设有青少年馆,定期举办朗诵会、音乐会,还会播放艺术影片。博物馆地下一层有互动区,参观者可以与艺术家的作品进行互动,还有一些手工区,参观者可以亲自体验一下艺术的制作,非常适合大人和小孩游玩。美术馆还有很多形态各异的小物件,非常引人注目,挑选几件作为纪念品是一个非常不错的选择。博物馆每年接待超过 50 万游客,提供超过 20 场关于以色列国内和国际的艺术展。

别具特色的小城——霍隆

欣赏完特拉维夫的繁华,去游览一下附近的霍隆也是很不错的体验。霍隆位于雅法东南约 7 公里处,是一座典型的工业城市。霍隆是以色列的纺织业中心,也是一个重要的制造业产地,主要包括金属、橡胶和塑料等。随着转型的发生,霍隆现在逐步成为一个具有活力的现代城市,市内比较出名的有霍隆设计博物馆和以色列儿童博物馆。

霍隆设计博物馆

霍隆设计博物馆是以色列第一个致力于设计的博物馆。博物馆位于霍隆新文化区的东部,它由以色列建筑和工业设计师罗恩·阿拉德与布鲁诺·亚撒合作设计,于 2010 年开放。博物馆的设计理念是进行设计展示,展出重要的展览品,在年轻的一代人中强调设计的重要性。霍隆设计博物馆被旅游杂志《悦游》称作新的世界性奇迹之一,可见它的魅力所在。

穿过南面的大广场便是博物馆的入口。远远望去,博物馆建筑最大的特点是五条主要的曲线考顿钢结构,这五条钢带沿着建筑起起伏伏进进出出。它们时而结合在一起,时而分开,限制空间,或在理论上定义着空间。这些钢带如同建筑的脊柱,不仅在结构上承受了大部分压力,还阐述了它和周围环境之间的关系。旁边是令人眼花缭乱的舞会服装展览,展览贯穿整个博物馆,展出了约 120 件代表历史和现代设计的舞会礼服,以及约 50 件由以色列顶级设计师为展览特别设计的展品。上层展厅展览着童话里的故事,如灰姑娘的水晶鞋,展览利用 3D 打印技术,将童话故事中人们所熟知的舞会礼服和现代形式的时装结合起来,让人眼前一亮。下层展厅回顾了服装的发展历史,展示了舞会礼服从 18 世纪一直到 20 世纪 80 年代的变化。

博物馆的很多作品来源于以色列设计学院学生的毕业作品精选。收藏品包括独特的物品、纺织品设计、珠宝、鞋等各类作品。通过展品,人们可以了解当代设计的方向和趋势,同时也反映出技术的变化,这些变化在物品的选择上都有所体现。人们在欣赏时可以学习到很多知识,寓教于乐。博物馆还积极与其他机构进行合作,如以色列和国外的艺术、设计和科学博物馆。

以色列儿童博物馆

在霍隆有一家特殊的博物馆——以色列儿童博物馆,它为儿童提供了一种独特的学习体验。自 2001 年开放以来,该博物馆已经吸引超过 200 万人次的参观,活动主要面向两岁半至十一岁年龄段的儿童,

以色列儿童博物馆门口

也有适合成年人和儿童共同参与的项目。在博物馆中，孩子们可以通过音乐、视频了解到不同的故事。博物馆鼓励孩子们亲身感受物体，甚至融入展品当中，也倡导孩子们扮演故事中的角色，积极参与表演。设立儿童博物馆的一个目标就是使不同背景的儿童相互包容、相互尊重、相互交流，促进和谐发展。

以色列儿童博物馆有三个特色主题：黑暗中的对话、请保持沉默以及与时间对话。"黑暗中的对话"旨在引导孩子们运用除眼睛外的其他感官进行思考，以感受盲人的独特世界。该项目以小组的方式参与，适合成人与9岁以上的儿童，每组10人，参观时间约为1小时15分钟。在整个过程中，盲人向导带领孩子们穿过黑暗的空间，重新发现自己，也是充分调动其他感官的一个机会，会有许多不一样的收获。该展览的想法由安德烈亚斯·海涅克博士构思，他曾经与一位盲人交流，并被盲人内心丰富的世界所吸引，因此想寻求一种方法将这种经验传达给视力正常的人。这个展览可以使人们对其他人，尤其对盲人有一个重新的认识。

"请保持沉默"则提供一个非语言展现的机会。该展览适合成人及10岁以上儿童，每组10人，参与时间为1小时15分钟。在参与过程中，孩子们听不到声音也不能说话，他们需要用肢体语言感受新的世界。全程由聋哑人士引导，手语是他们最主要的交流手段，孩子们通过非语言的表达方式，进行无声的交流。其目的是为孩子们提供一种独特的体验，既可以让他们了解语言不是交流的唯一方式，也可以重新认识聋哑人士。具体来看，参加活动者将要收获三个层面的感受：一是在安静的环境中，每个体验者都有机会通过动作表达自己的情感，展示自己的沟通技巧；二是展览中安静的环境迫使参与者与周围的人进行非语言交流，让参与者使用非语言的方式表达自己的意思；三是展览邀请不同文化人群进行联系和对话，打破心理和社会的界限，改变公众对聋哑人的认识。

"与时间对话"的主要目标是使孩子们理解老年人的生活观念。该展览适合成人及10岁以上儿童，参与时间为1小时30分钟，一般12人一组。参与者将由70岁以上的导游带领，经历一系列的挑战。

在参与活动时，每个人都会给自己的爷爷奶奶或者长辈打电话，让参与者对老人产生亲近和爱的情感，并使年轻人能够短暂地离开他们忙碌的个人世界，怀着同理心理解老年人的人生故事，从而弥合代沟，让孩子们充分意识到原来每个人都可以与时间对话，也可以与自己对话。《全球》杂志称赞"与时间对话"："它不仅是一次引人入胜的特殊旅程，也是一次拉近亲人之间距离的机会，并在以后的生活中不断发挥作用。"

除此之外，儿童博物馆还有一些特色活动，如追随蝴蝶，美妙的音乐之旅以及参观外星人。"追随蝴蝶"适合2.5至4岁的孩子，在每周六和学校放假期间开放，时间为1小时15分钟。活动通过讲述蝴蝶的生命周期，向孩子们介绍不同类型的动物家族，在玩乐中学到有关蝴蝶的知识。而"音乐之旅"主要是让孩子们了解历史上有名的乐队，适合5岁及以上儿童的家庭，参观时间为2小时。其中最出名的恐怕是甲壳虫乐队，参观者将了解甲壳虫乐队的基本情况，并参与互动。展览将通过音乐激发孩子们的想象力和对音乐的热爱，如一首歌曲是如何诞生的？它是如何在录音室里录制的？一张专辑是如何创建的？所有这些如何在舞台上表现？博物馆还有一个专门的外星人展区，适合8至11岁的儿童，活动时间为2个小时。参与者将体验作为一群在城市里散步的孩子，发现自己飞上了太空，并降落在一个陌生世界的场景。参与者必须熟悉新世界的规矩和秩序，才能回到博物馆。在冒险过程中，参与者要提升认识陌生世界的能力，积累经验，并找到对话和理解的途径。总的来说，在儿童博物馆中你将会有各种美妙的体验，绝对会有很多收获。

三

海法及北部地区

在以色列的北部海岸,有一座美丽的海滨城市——海法,它是以色列第三大城市,仅次于耶路撒冷和特拉维夫。关于海法这个名称的含义有多种说法:一种观点认为它是美丽海滩的意思;一种观点认为

以色列最大的海法港口粮仓(以色列所有进出口粮食均通过该粮仓转运)

它是掩盖、掩藏的意思；还有人认为它是住在这里的意思。据推测，上帝就曾住在这里。而中世纪的基督徒朝圣者以及后来的十字军将该城称为 Caiphas 或 Caifa，他们相信这个名称来源于耶稣时代的耶路撒冷大祭司该亚法。

来到海法，有一处景点值得驻足一看，那便是巴哈伊花园，这是以色列的空中花园。在山脚下人们可以看到 19 阶巨大的阶梯，花园内绿树成荫，登上山顶后又是另外一番景象，不仅可以参观装饰豪华的巴孛陵墓，还可以俯瞰地中海。在海法东南处有一座卡梅尔山，传说这里是先知以利亚和巴力进行斗争的地方，也是尼安德特人曾经生活的地方。在卡梅尔山南侧有一个提比什酒庄，在这里可以参观葡萄酒制作的流程，还可以品尝各种口味的葡萄酒。

如果你是一个军事迷，以色列海军博物馆是一处绝佳去处。这里有各式海军装备，如"埃拉特"号驱逐舰、"不顾一切"号登陆舰、P4 级鱼雷艇、"仰赖"号导弹艇等各种武器。在以色列北部还有圣经

凯撒利亚国家公园一角　徐新　摄

露天圆形剧场　徐新　摄

时代的遗址——米吉多，在所罗门时期是重要的战略要地，现在已被开发成国家公园。在特拉维夫和海法之间，还有一处古罗马时期的港口遗迹——凯撒利亚国家公园，里面有气势恢宏的城堡、露天圆形剧场，还有令人称奇的海角宫殿，生动再现了罗马时期的建筑风格。这里的历史遗迹数不胜数，最出名的恐怕是阿卡古城，这里是十字军活动的重要场所。进入地下城后，会看到十字军骑士大厅，里面十分豪华，走出地下大厅，上面便是著名的杰扎尔城堡，庄重典雅。在这里可以一边感受海风的吹拂，一边享受地中海的美食。

在加利利海附近也有很多著名的名胜古迹。加利利海本身就是一个风景如画的地方，山水相连，好不美丽。传说这里也是耶稣行神迹的地方，所以建造了很多教堂，如五饼二鱼堂、彼得献心堂等，一边欣赏着美景，一边听着传奇的故事，会很有意思。这里还有耶稣生活的地方——拿撒勒，耶稣被称为拿撒勒人。拿撒勒还有天使报喜堂、圣约瑟教堂，来到这里可以学习到很多关于基督教的知识，仿佛回到了那个时代。在以色列最北端,有一处算不上是景点、但却成为"网红地"的地方——戈兰高地,在这里可以看到兵头山和赫尔蒙山,到处都是中东战争时期的遗迹,还有很多有意思的雕塑。

以色列的空中花园——巴哈伊花园

提起空中花园,大家首先想到的应该是新巴比伦的空中花园,这的确是人类的一大壮举。事实上,在海法也有一座空中花园——巴哈伊花园,它依山而建,是一个年轻的宗教圣地。巴哈伊花园以金色穹顶的主建筑为中心,两边建筑左右对称,有19级巨大的平台阶梯,垂直高度为225米,最大斜坡为63度。在水资源非常有限的情况下,巴哈伊花园的建筑者们经历无数次的探求,克服了重重难关,最终按照不同植物对水分需求量的不同,分别安装了相对应的灌溉方式,花费了足足百余年的时间才将其修建完成,这座美丽的空中花园在2008年被列为世界文化遗产。世界文化遗产委员会评价道:"巴哈伊花园体现了海法浓厚的朝圣传统,以及其所蕴涵的关于宗教信仰的深刻内涵。这一遗产由与宗教创始人有关的26座建筑、纪念碑和遗址组成,其中包括位于阿卡的巴哈欧拉圣陵和位于海法的巴孛陵墓。此外,还有附近的房屋、公墓以及档案室,集中体现了新古典主义风格的现代建筑群。"

来到巴哈伊花园脚下,人们不禁好奇,这里为什么会出现一座空中花园?这还要从巴哈伊教说起。巴哈伊花园是巴哈伊创始人巴孛的陵墓,巴孛本名赛义德·阿里·穆罕默德,他出生在伊朗,于1844年宣称自己是上帝在新的显圣周期的使者,称号为'巴孛'(意思为大门),并暗示会出现一位允诺者,引领世界走向大同。在世界各大宗教中巴哈伊教是出现最晚的,也是新兴宗教中发展速度最快的。当时的伊朗统治者当然不能容忍这种宗教异端,便下令处决巴孛及其追随者。有意思的是,据说在第一轮射击后,巴孛及其追随者毫发无损,这被认为是神的帮助,在第二轮射击后,他们才被杀死。

巴孛死后,有多位追随者声称自己是允诺者,最后巴哈欧拉赢得

巴哈伊花园与海法，远处为地中海　徐新 摄

世界正义院

众人的信服，继承了巴孛的衣钵，不遗余力地推广大同理想，并发展了其教义。巴哈伊教认为上帝是唯一的神，摩西、耶稣、穆罕默德、佛陀都是神的显示者，人类本身是一家，不同民族应该和谐相处，两性间应该平等，建立一个世界联邦体系。巴哈欧拉本是伊朗的富家子弟，过着优越的生活，平时乐善好施，深受人们爱戴。当他宣传自己是巴孛的信徒后，家产被没收，也多次遭到驱逐和流放，最后他在以色列的阿卡生活了24年，并在那里写出了该教的经典《至圣书》。1892年，巴哈欧拉在那里去世，他的墓地在阿卡附近的一座花园里。

巴哈欧拉去世后，其子阿巴斯·阿博成为巴哈伊的教长，先后到欧洲和美洲宣传教义，并将巴孛的遗体从波斯移葬到海法。巴哈伊教的信徒继续扩建陵墓，先后历经百年，终于在2001年完成。它的建造成本约2.5亿美元，每年维护费用高达400万美元，是座美丽而昂贵的花园。当时大约有4500名观众，包括3300名巴哈伊教徒见证了这一伟大工程的诞生。在巴孛陵墓相邻处是巴哈伊教的最高行政机构——世界正义院，负责教内的一切活动，它成立于1963年，由9名成员组成，每五年选举一次。正义院旁边是巴哈伊历史文化馆，里面有很多巴哈伊历史文物。现在全世界有巴哈伊教徒400万~600万，分布于各个大洲，在亚洲主要分布在伊朗和印度。巴哈伊教是一个独立的宗教，没有神职人员和地方教堂，在全世界有9个灵曦堂。每个灵曦堂都有9个门，代表从各个方向都可以加入巴哈伊教。灵曦堂内不出售纪念品，也不接受馈赠，宗教经费来源于教众的捐赠。由于巴哈伊教的开放性，人们可以在灵曦堂内朗读其他宗教的经典读物，这对于其他宗教场所来说是难以想象的。

巴哈伊花园的工作人员都是巴哈伊教的信徒，在游客进入巴哈伊花园时，会被进行严格的检查，并被告知不能在里面吃东西，非巴哈伊教徒不能自下而上直接前往巴孛陵墓。人们可以沿着环形公路到达最高处，从这里凭栏望去，可以看到金色辉煌的顶层陵墓，也可以欣赏到一望无际的地中海，整个海法尽收眼底。值得一提的是，花园内还有一些中国元素，其中就有"大清乾隆年造"的铜鼎。花园内有一排排石柱、草坪、喷泉和高高低低的树木，设计者似乎有意保留一些自然风光，使得设计没有违和感。当夜晚来临时，一盏盏明灯装饰在花园中，宛如白天。之所以有这么多灯，据说是因为当年巴孛在监狱中，希望狱卒能够为他提供一盏灯，却遭到了拒绝。后来，信徒专门让巴孛的陵墓夜夜有明灯相伴。

德国侨民区

游览完巴哈伊花园，本－古里安大街的正下方排列着一幢幢19世纪的宏伟建筑，上面还有很多德语，这个地方就是德国侨民区。1868年，德国圣殿骑士（虔诚的新教徒，不要和十字军时期的圣殿骑士团混淆）在霍夫曼的带领下定居巴勒斯坦地区，他们希望通过迁入圣地加速基督的到来。在经过严格的筛选后，他们选在此地建立了殖民地。在随后的几十年中，圣殿骑士在巴勒斯坦地区建立了7处侨民区，他们带来了交通、科技和农业等方面的技术革新，逐步形成德国侨民区。1898年，德皇威廉二世还访问过这里。

俯瞰德国侨民区　邓伟 摄

经过不断发展，到 1918 年，德国侨民区拥有 750 名居民、150 所房屋和数十家企业。德国侨民区的规划十分有特点，主要街道从北到南一直延伸到港口，较小的街道与主街道对接，看起来井井有条。二战爆发后，英国人把德国侨民区居民当作敌对国人扣押起来（很多人在 20 世纪 30 年代加入纳粹），后来又将其中大部分人驱逐到澳大利亚。现如今，德国侨民区是海法的文化和旅游中心，许多高档餐厅都位于此地。在这里享受完美食后，看看附近的美景，是一件很惬意的事情。

神圣与美丽之地——卡梅尔山

卡梅尔山（也被称为迦密山）是以色列北部的一个山脉，位于海法东南约 27 公里处，全长约 40 公里，最宽处约 20 公里。卡梅尔山在希伯来语中的意思是"上帝的葡萄园"，在阿拉伯语中的意思是"神圣的以利亚山"，可见这里土地肥沃。2012 年，卡梅尔山及其附近

卡梅尔山

的塔崩、约马尔、艾玛瓦德和斯库尔被列为世界文化遗产。世界文化遗产委员会评价道："遗址展现了人类50万年前的进化历程,尤其是展示了人类由狩猎采集向农业生活方式的转变。这一遗址是目前发现了已灭绝的尼安德特人的化石证据,为研究尼安德特人的消失和智人的进化提供了新的证据,为了解西南亚早期人类生活提供了宝贵的资料。"

据说卡梅尔山是先知以利亚和巴力进行斗争的地方。列王时代,以色列国家分裂,民众信仰混乱,有许多先知训诫百姓。其中当时力量比较强大的便是巴力,百姓认为他是火神。在此情况下,以利亚和巴力约定,降火显应的神就是神。耶和华是神,就当顺从耶和华;若巴力是神,就当顺从巴力。最后以利亚成功地求耶和华——以色列的神从天降下火来烧尽燔祭、木柴、石头及沟里的水。以利亚趁着胜利,令众人拿住巴力及其追随者,然后带他们到基顺河边,在那里杀了他们。众人信服耶和华是唯一的神,这当然只是一个传说,但足以说明卡梅尔山的重要性。历代的先知及君王多半在卡梅尔山上筑坛,它是美丽及荣耀的象征。

现在卡梅尔山上有三栋重要的建筑。其中最主要的是半圆形建筑的犹太会堂,它包括实习生宿舍、厨房、牧师馆,以及可以容纳数个访客的客房等;伊莱贾洞,它包括儿童教室、防空洞和一个祷告室;最后的那一栋建筑设有妇女收容所,这是为了收容那些从各国回归的犹太受难妇女而建的。

提比什酒庄

探求卡梅尔山上的遗址后,品尝一下当地的葡萄酒绝对是一种享受,其中提比什酒庄是比较出名的。提比什酒庄位于卡梅尔山的南坡,提比什家族是这个酒庄的所有者和经营者。从19世纪80年代开始,提比什家族就从事葡萄酒行业,目前它是以色列国内第六大葡萄酒酿造园,年产量约为100万瓶,销往全球25个国家。

关于葡萄酒有一个美丽的传说。据说当年摩西出埃及后,派人四处寻觅圣地,看见有两个人扛着很多葡萄,摩西便认定当地是富饶之地,遂带领众人在这里定居,用葡萄酿酒便开始了。现如今以色列旅游局的标志就是卡通化的两个人扛着葡萄前进。提比什酒庄有一个很大的参观中心,也是一家品酒中心,而且他们把葡萄酒和巧克力结合在一起,这是一种大胆的尝试。提比什酒庄酿造葡萄酒要经过严格的犹太洁食规定。具体来说,只可用四年以上树龄葡萄藤的果实酿酒,之后要休耕。酿造葡萄酒只能使用犹太传统工艺,只有男性犹太教徒才能负责加工。有人不无开玩笑地说,在这里可以喝到真正的"男性酒"。提比什酒庄的葡萄酒有很多品种:赤霞珠、西拉子和黑皮诺等,这些葡萄酒无论是在制作工艺上,还是口感上都堪称上乘。

圣母修道院

在卡梅尔山的斜坡上有一处圣母修道院,现在的修道院修建于1836年。据考古发现,十字军东征时期,朝圣者在先知以利亚的启发下,选择在卡梅尔山上过着与世隔绝的隐士生活。1254年,这片地区受到战争的威胁,隐士们被迫离开。在17世纪,新一批的隐士重新回到卡梅尔山附近修建了一座小型修道院,但不久就被当时的统治者奥斯曼苏丹查希尔·奥马尔下令拆除,现在的修道院是19世纪上半期修建。修道院的主教堂以十字架的形状修建,圆顶装饰五彩斑斓的绘画。绘画主要围绕以利亚升天、大卫弹奏竖琴、先知以赛亚,还有圣家族及四位福音传授者而作。其中有一幅画画的是以利亚和烈火战车,据说他就是驾驶着这辆战车升天的。

在卡梅尔山西北角的山脚底部,有一处以利亚洞穴,它是一个非常神圣的洞穴,很多人都认为这是先知以利亚活动的地方。进入洞穴后,按照不同的指示牌分为不同的参观区域,男性在右边,女性在左边。在以利亚洞穴中,游客们不仅可以领略到这里的美景,还能感受到圣地的圣洁氛围。现在这个洞穴已成为犹太人举办家庭庆祝活动和做祷告的地方。当然了,也有不少基督徒和穆斯林来到这里祷告。洞穴的一面墙壁上被刻满了古希腊铭文,另一面则是希伯来铭文,还安放了七星枝圣烛台。有一个角落放了一张空椅子,上面是奉献箱,这让人们联想到犹太人过逾越节的时候都会留下一张空椅子给以利亚,因为大家相信他会再次出现。

以色列海军博物馆

如果你对海军感兴趣，海军博物馆一定要去一趟。博物馆位于海法，其正式名称为秘密移民与海军博物馆，它占地面积不算大，但藏品很多，绝对能让你大饱眼福。

初到博物馆，首先映入眼帘的是位于博物馆门口的"埃拉特"号驱逐舰纪念碑，这是用于纪念在第三次中东战争时期被埃及海军发射的"冥河"反舰导弹击沉的"埃拉特"号全舰官兵。进入博物馆后，会看到一系列有感染力的视频，这些视频展示了1934—1948年犹太复国主义者将犹太难民从欧洲运往巴勒斯坦地区的艰难。博物馆内有一个重要的展品是二战时期的"不顾一切"号老式登陆舰。1947年，该战舰被改装成移民船运送434名犹太难民到巴勒斯坦地区，后被英国拦截，这些难民被送往塞浦路斯。这艘船记录了犹太难民悲惨的历史，也让犹太人记住移民巴勒斯坦地区的艰难历程。

随后人们会看到各式各样的潜艇和军舰。其中"海浪"号潜艇是以色列海军装备的第一级现代化柴电潜艇的首艇，基于德国206型潜艇图纸改进而来，但却是由英国造船厂完成的。人们紧接着看到的P4级鱼雷艇，它是以色列在1974年第四次中东战争中从埃及缴获的，该级艇满载排水量仅22.4吨，最大航速55节，主武器为2个450毫米重型鱼雷发射管和2挺12.7毫米重机枪。"仰赖"号导弹艇，是萨尔2型导弹艇的首艇，也是基于德国提供的141型鱼雷艇图纸改进而来，但却由法国造船公司建造，特殊经历与"海浪"号潜艇十分类似。大名鼎鼎的苏制P-15（北约编号SS-N-2）"冥河"高亚音速反舰导弹，最大射程80千米，是历史上第一种在实战中击沉大型战舰的反舰导弹，创造了海战史上首次导弹快艇击沉军舰的战例记录，这枚导弹也是以军从埃及缴获的。

总的来说，以色列海军海博馆回顾了二战前后犹太人移居巴勒斯坦地区的艰难过程，又展示了以色列在数次中东战争中缴获的战利品，体现了以色列强大的国防力量。

米吉多遗迹

米吉多位于以色列北部 Ramat Menashe 地区,这个地名在《圣经》里出现过 11 次,这里遍布着各种古代建筑,包括神庙、闸门、宫殿、先进的供水系统。2005 年,联合国教科文组织把米吉多、夏琐和贝尔谢巴列为世界文化遗产。世界文化遗产委员会评价:"史前的定居土丘是地中海东部较为平坦地区的典型特征,特别是黎巴嫩、叙利亚、以色列和土耳其地区。在以色列超过 200 个早期居民遗迹中,米吉多、夏琐和贝尔谢巴圣地具有代表性,它们所包含的大量城市遗迹都与《圣经》相关。这三个圣地同时展示了人口稠密都市社区的地下水收集系统,具有数千年历史的建筑物反映出了繁荣的农业活动和主要贸易路线痕迹。"

米吉多的战略位置十分重要,它有着漫长而血腥的历史。米吉多曾经被迦南人、以色列人、埃及人、亚述人和波斯人统治。在图特摩斯三世时期,米吉多得到长足发展。后来在士师时代,米吉多落入大卫王之手,在所罗门统治时期,它成为以色列重要的城市,被称为"战

古城米吉多遗址

米吉多地下水收集系统——储水窖

车之城",大量马厩被发掘,足以饲养大量马匹。从后来的考古发现,此地的排水系统非常发达,由下穿过坚硬的岩石,到达 70 米长隧道的一口竖井。在此后的数千年中,米吉多一直默默无闻,其战略位置却十分重要。在一战时期,英军在此作战,埃德蒙·艾伦比将军在授予爵位时,被称为"米吉多的艾伦比子爵"。在 1948 年的战争期间,犹太人和阿拉伯人在这里发生军事冲突。

由于米吉多在《圣经》中经常出现,它成为基督徒朝圣之旅的热门地点。1964 年,教皇保罗六世访问了此地。2011 年,此地被发现有与基督教相关的古代马赛克画,经过评估后,基督徒相信这些画来自最古老的教堂之一,这让米吉多成为基督徒心中非常重要的朝圣地。

地中海边的古罗马遗港:凯撒利亚国家公园

凯撒利亚国家公园位于地中海东岸,在特拉维夫和海法之间。在古代,凯撒利亚是一座非常出名的城市,曾与亚历山大和迦太基齐名。

凯撒利亚国家公园鸟瞰图

凯撒利亚的意思是"罗马皇帝之城",以向罗马示好。希律王在位期间,大力建设此城,并配以神庙、市场、灯塔等市政设施,力图将其建设成为地中海边上的贸易重镇。现存的城堡遗址一般在中世纪建造,后来这座城市几易其手,在13世纪时被马穆鲁克苏丹所摧毁,从此淹没于尘土中。以色列建国后,由罗斯柴尔德家族出资开发,将凯撒利亚开发为以旅游业为主的定居点,在它的外围是林立的别墅和高尔夫球场,凯撒利亚古迹经过开发和维护,成为游客云集的景点,并成为国家公园。

从北侧的大门进入,你会看到雄伟的城堡,呈长方形,四周有十多米的壕沟,气势恢宏,据说这是法王路易九世在1254年修建。在城堡的附近有一条交叉拱形通道,旁边有一些房屋的遗迹,还有蓄水池。现在还能看到凯撒利亚长长的引水渠遗址,虽然部分被黄沙掩埋,但仍然可以看到整体的轮廓。在凯撒神庙附近还有一处十字军教堂遗址,据说在1101年十字军占领凯撒利亚时,耶路撒冷国王鲍德温一世在这里得到一个用蓝宝石雕琢而成的圆盘,相传这就是耶稣最后晚餐中使用的盘子。

在十字军城堡南端是公园的标志性展区——露天圆形剧场。这座圆形剧场能容纳1万名观众，是典型的罗马建筑风格，它是奴隶和囚犯与野兽搏斗的地方。人们穿过一个个残缺不全的雕塑，走进宏伟的古罗马剧场遗址，顺着石阶爬上最高处，可以看到剧场气势恢宏的建筑。希律王曾在海边修建了城墙、防波堤、赛马场、歌剧院，甚至泳池、浴室和桑拿房，可谓应有尽有。虽然现在只剩下些残垣断壁，但

凯撒利亚国家公园一瞥

城堡遗址　徐新　摄

三 海法及北部地区

露天圆形剧场　徐新 摄

罗马时期建造的引水渠

凯撒利亚古城遗址部分　徐新 摄

从高大的城墙和泳池遗迹中依然还可以感受到当年的奢华之气。不远处的一座水渠遗址也不容错过,希律王为了给凯撒利亚引入水源,修建了 12.8 公里长的水渠。最初工人修筑围墙引水,希律王认为这个方案遮挡住了美景,命令工人拆了墙,修建成现在游客看到的拱形高架水渠,透过拱形门洞就可以看到碧蓝的地中海。这里也会举行各种比赛,包括音乐比赛、角斗士以及体育竞技等。据说这里曾举办第 192 届奥林匹克运动会,希律王是当时的奥林匹克运动会主席。目前这里已经得到很好的修复,每逢重大节日,人们都会在这里举办各种音乐会或舞会。

在露天剧场南端突出、深入大海的地方是海角宫殿。从凯撒利亚的复原图来看,宫殿完全暴露在城市的前方,这与古代中国王公贵族的住所有所不同。在中国,他们的住所大都处在中央或者比较隐蔽的地方,而这座宫殿完全凸出来,这可能与希律王自大的性格相关。游客可以畅想一下,在这个三面环海的地方,看看辽阔的大海,听听海水的声音,是一件多么享受的事情。

十字军的记忆:阿卡古城

如果你对历史上的十字军感兴趣,阿卡古城是必去的地方。阿卡古城位于以色列北部,曾是十字军东征时期耶路撒冷王国的首都和最后据点。在历史上,阿卡曾受埃及人、罗马人、波斯人和阿拉伯人的统治。古城内留下大量的历史遗迹,让人有一种穿越之感。2001 年,阿卡古城入选世界文化遗产,委员会评价道:"阿卡是个有城墙的港口城市,历史悠久,自腓尼基时代起,就一直有人类居住在这里。现在的城市是奥斯曼土耳其人 18 世纪到 19 世纪之后建立发展的要塞城镇,拥有保存完好的城堡、清真寺、商栈和土耳其浴室等建筑。城中十字军的遗址可以追溯到 1104 年到 1291 年,生动再现了中世纪耶路撒冷十字军王国的城市结构。"

让阿卡大放异彩的是十字军东征时期。中世纪,教皇多次发动十字军东征,而阿卡成为重要的争夺对象。1099 年,在经过多次较量后,

作为港口的阿卡古城

阿卡处在十字军的控制下,鲍德温一世建立了耶路撒冷王国,他在阿卡修建众多教堂和修道院,热那亚、威尼斯等地的商人也带着香料、丝绸等物品汇集于此。阿卡城内人数众多、商贾云集,好不热闹。但好景不长,1291年,马穆鲁克军队占领了阿卡,因为担心十字军卷土再来,一把火烧毁了阿卡。

  来到阿卡古城后,第一感觉可能是地方不大,当真正进入阿卡古城后,它的神秘面纱才会被揭开。阿卡古城的面貌和电影中探险剧情的场景差不多,首先穿过一条不知名的小道,给人一种穿越的感觉。映入眼帘的是十字军骑士大厅,这是当年十字军骑士的总部和行政大厅,素有"十字军城"的称呼。大厅由主厅、餐厅和监狱厅等很多厅共同组成。主厅最大,有1300平方米,15根大型石柱,属于典型的哥特式建筑。餐厅最引人注目的是3根巨柱,直径3米左右,高达12米。监狱厅在最下方,没有窗户。值得一提的是,后来的以色列国防部部长摩西·达扬曾被囚禁于此。现在监狱已经被改造为城堡英雄博

三 海法及北部地区

阿卡古城内部

阿卡古城及杰扎尔清真寺

物馆，用来纪念被英国关押的犹太自由斗士。城堡里还有土耳其浴室，里面摆放着正在洗土耳其浴客人的模型和搓澡的服务员模型，看上去活灵活现，犹如回到了那个时代。现在的城堡除了用于游览外，还经常用于举办音乐会和其他演出。阴凉的地下城堡会有发霉的味道，但却是避暑的好去处。整座建筑看起来很朴素，只有一些鸢尾图案。

走出地下大厅，上面便是著名的杰扎尔城堡，这里是当年奥斯曼帝国总督杰扎尔在原有的废墟上建立起来的，他对阿卡进行大规模扩建，加厚了城墙，修建了塔楼，还挖了护城河，建立了很多清真寺，使之成为重要的军事要地。其中杰扎尔清真寺（又称白色清真寺）是阿卡最大的清真寺，也是以色列第三大清真寺。清真寺庭院为长方形，两排有很多旧房间，供过往的朝觐者居住，走下台阶后是一个很大的蓄水池，当年阿卡被围困时，正是这个蓄水池为城里军民提供了重要的饮用水。清真寺大厅内部装饰着蓝、棕和白三种颜色，庄重典雅，十分漂亮。

阿卡与拿破仑也有一段故事。1799年3月18日，拿破仑率军兵临阿卡城下，想一举攻下。然而，法军却打错了如意算盘，阿卡城墙非常坚固，还有高大的塔楼可以随时观察法军的动向。另外，悉尼·斯密率领的英国舰队也在帮助杰扎尔守护阿卡城，法军陷入不利局面。法军和城中军民展开殊死搏斗，在其中一次进攻中，200多名法国士兵进入城内，但在阿卡军民的斗争下，法军被迫撤了出来。法军在围困阿卡60天，损失将近3000人后，拿破仑选择了撤军。后来，拿破仑在回忆中写道："最细微的情况导致了最大的事件。如果阿卡早日陷落，我已经改变世界的面貌。"

如今，这座城市失去了一些政治意义，不过依旧拥有奇妙的历史、美味的食物和深厚的文化底蕴。阿卡的城墙依旧傲然挺立着，越过高高的城墙便是蔚蓝的大海，这样独特的风景在世界其他地方很难找到了。阿卡的市场也是一处独特的游览胜地，里面满是具有异国情调的地中海美食餐馆和纪念品商店。走在狭窄的旧城街道上，一边在任意一家美食餐厅吃顿好吃的，一边欣赏着蔚蓝的大海，这将是一次难忘的经历。

追寻耶稣的圣迹：拿撒勒

拿撒勒是以色列北部区城市，位于加利利地区，拿撒勒在希伯来语中的意思是枝芽或苗。《以赛亚书》曾经以"枝子"来形容大卫家系的后代，在古代，许多大卫家族的不同分支居住在此地，这可能是此地名称的由来。与以色列的一些大城市相比，拿撒勒确实不是那么出名，风景也不那么秀丽。但这里与耶稣有着很大的关系，耶稣出生于伯利恒，却生活在拿撒勒，因此，耶稣被称为拿撒勒人耶稣。这里有比较出名的天使报喜堂、圣约瑟教堂等众多教堂，人们可以在这些遗迹中追寻耶稣的圣迹。

据《圣经》记载，天使加百列受上帝派遣前往加利利地区寻找童女玛利亚，而她已经许配给一个名叫约瑟的人。天使对她说："玛利亚，不要怕，你在上帝面前已经蒙恩了，你要怀孕生子，可以给他起名耶稣。"玛利亚非常吃惊，还没有出嫁，怎么会有这种事，加百列一一给她解释。这就是人们所熟知的圣灵感孕，童贞女玛利亚生耶稣的故事。既然拿撒勒是耶稣的故乡，但是为什么耶稣出生在伯利恒呢？这就要从当时的人口普查说起了。当时的人口造册登记规定，所有人要回到祖先的居住地，约瑟的故乡是伯利恒，当时玛利亚已经身怀六甲，约瑟决定带上玛利亚回到祖先居住的地方。后来，耶稣出生在伯利恒一家旅馆的马厩里，为躲避希律王的迫害，他们曾到埃及躲避，直到希律王去世他们才回到拿撒勒。

来到拿撒勒，天使报喜堂是一个必去的地方。天使报喜堂于1969年完工，正面墙上有天使、玛利亚以及《四福音书》作者的塑像。进入报喜堂后，一抬头便会被高大美丽的设计所吸引，其外形像是一朵头朝下盛开的百合花。眼前的"百合花"共有16片花瓣，每个花瓣分成两个表面，在32个表面上刻着醒目的英文字母M，代表玛利亚。根据犹太教的说法，32个数字代表22个希伯来字母以及上帝在创造世界时发布的10条禁诫。报喜堂分为上下两层，下层比较古朴，有报喜堂的历史遗址。据考古发现，早在公元3世纪，报喜岩洞（天使

拿撒勒眺望　徐新 摄

拿撒勒街景　徐新 摄

三 海法及北部地区

天使报喜堂

中国赠送的圣母像　徐新 摄

加百列向玛利亚报喜的地方）便建有一座教堂。在随后的岁月中，人们在此地建立了 5 座教堂，现在看到的报喜堂是新建立的教堂。报喜堂的上层比较引人注目，四周墙壁上有世界各个国家捐赠的圣母像，既有马赛克风格画像，也有壁画，还有木雕，等等。

从报喜堂北门出来，会经过另外一个教堂，这便是圣约瑟教堂。教堂始建于 1914 年，圣所之下被发现有多个洞穴。据推测，这些洞穴可能是耶稣时代用于储存粮食、酒类和油料的地方。这里还有一个建有七级台阶的古圣洗池，上面有马赛克风格镶嵌的梯状图案，可能有圣水升华灵魂之意。从外观来看，圣约瑟教堂比报喜堂小一些，外表也没有那么豪华，教堂的入口墙上有圣母玛利亚、约瑟和年轻的耶稣雕像。教堂被拱廊分成三个部分，祭坛左边是圣母玛利亚的雕像，雕像上面半圆拱顶和大堂祭坛上面的半圆拱顶上都有约瑟一家的油画，教堂右边有楼梯直通地下室的岩洞。据说，当年耶稣帮约瑟干活时，这里有一块大石头，它便是耶稣一家人用餐时用过的桌子。

值得一提的是，在拿撒勒和加利利海之间还有一座他泊山，它是位于以色列北部加利利地区的山峰，处于加利利海以西 18 公里，海拔高度 575 米。这里风景优美，非常适合徒步。据《圣经》记载，耶稣和他三个门徒前往他泊山。在山上，耶稣开始发出明亮的光线，显示出神的容貌，其后被从天而来的声音呼唤为儿子，这被视为上帝对耶稣工作的肯定。他泊山也是先知底波拉带领以色列人击败西西拉率领军队的地方。在十字军时期，他泊山是兵家必争之地。

一个神奇的地方：加利利海地区

有人说上帝在人间遗失了两颗珍珠，一个是死海，另一个便是加利利海了。加利利海（也被称为太巴列湖）位于以色列东北部，周长为 53 公里，总面积 166 平方公里，最大深度为 48 米，低于海平面 213 米，是以色列最大的淡水湖。

初到加利利海，经常会看见一群海鸥在天空中盘旋，偶尔也会有一艘游艇驶过，翻起白浪。眺望远处，一座座小山把加利利海衬托得

三　海法及北部地区

加利利古船

五饼二鱼作品　徐新 摄

更加美丽。如果有幸乘上加利利古船,在水中游玩一番,犹如在画中一般,非常舒心。这种船只仿造 2000 年前耶稣时代的船只,船身长 8.2 米,宽 2.3 米,高 1.2 米,可容纳 15 人。加利利海的出名不仅是因为风景优美,还由于它与耶稣有很多联系。据《圣经》记载,耶稣在拿撒勒生活得不是太如意,便搬到加利利海附近传播福音。据说这里发生了很多神迹,如水上行走、五饼二鱼救众生的故事。因此,在加利利海附近有很多纪念耶稣的教堂,还专门打造了一条"耶稣小径",供游人和信徒行走。

来到这里,你一定要去一趟五饼二鱼堂。相传耶稣在这里传播福音时,有 5000 名信徒饥肠辘辘,耶稣便把两条鱼和五个饼放在篮子中分给众人,竟然取之不尽。为了纪念耶稣的这个神迹,教徒们在加利利海边兴建了一个拜占庭式教堂,到 7 世纪时,这个教堂在战乱中被毁坏了。直到 1888 年,天主教科隆总教区的德国天主教巴勒斯坦协会找到这个地点,于 1892 年开始考古发掘,发现了 5 世纪教堂的马赛克镶嵌画,以及 4 世纪的小教堂。现在的教堂于 1982 年重建,教堂的装修风格比较朴实,教堂的地板上镶嵌了很多水鸟、花草的图案,造型都非常好看。教堂下边那块石头,据说就是五饼二鱼神迹发生的地点。教堂 4 世纪的地基遗址可以从圣坛右边一个玻璃罩里看到,5 世纪的石磨和水器则摆放在院子里。在这里,人们似乎有能够穿越回去,感受当时发生的事情的错觉。

在五饼二鱼堂不远处便是彼得献心堂,当时献心堂被称为"煤炭地",意思是耶稣为使徒准备膳食的地方。十二宝座是沿湖边放置的一系列心形的石头,是为了纪念十二使徒。献心堂比该地区其他教堂存留时间更久,最后于 1263 年被毁。目前的献心堂建于 1933 年,在祭台对面的墙基能看见 4 世纪教堂的遗址。教堂看起来并不豪华,但特别之处在于内外相通,其中有一块大石头格外显眼,据说是耶稣复活后向门徒们显现神迹之地,并与门徒在此进餐,因此,被称为"基督之桌"。在这里,耶稣确立了彼得作为未来教会的领袖地位。耶稣三次对彼得说:"你喂养我的羊。"在这里"羊"指代的就是耶稣的信徒们,因为基督教把世人称为迷途的羔羊。据说彼得是耶稣的大弟

八福堂

子，他本以打鱼为生，但收获很少。在遇到耶稣后，彼得一网下去竟捞上来153种不同的鱼，其中一条鱼便是以他的名字——"圣彼得鱼"命名。这种鱼是一种淡水鱼，有人说彼得捕到的鱼是鲫鱼的一种，一般人较为熟悉的名称为吴郭鱼。

离彼得献心堂不远处便是八福山，平面为八边形，八个面分别代表天国八福。说是山，不过是一个不高的小山丘，但这里有一个漂亮的八福堂，因为耶稣曾在此"登山训众"宣传八福而得名。这八种人分别为虚心的、哀恸的、温柔的、渴求慕义的、怜恤的、清心寡欲的、使人和睦的，以及为正义而受逼迫的。人们想不到的是，现在的八福堂由墨索里尼在1936—1938年帮助建设。来到这里的人们确实也是有福的人，这里风景优美，远处是修葺的花园，有很多花花草草，还有喷泉和水池，令人心旷神怡。有人开玩笑说，要是以后养老，在这附近绝对是一个不错的选择，大家都有福，都能长命百岁。

加利利海还有一处非常重要的地方，那就是约旦河洗礼处。相传耶稣曾在约旦河洗礼，因此这里是朝圣者心中的圣地，也是以色列重

约旦河洗礼处的入口处　徐新　摄

受洗前的祈祷　徐新　摄

要的旅游景点。洗礼处周围有很多树木,河道很窄,看上去就是10米多宽的小河沟。河边有专为信徒念诵圣经设置的台阶,河里有几道金属做的扶栏。岸边有一个牌子,上面写着"耶稣基督洗礼处"。据说每年来到这里的基督徒和游客有50万左右,足见这里的繁荣。洗礼处有几级台阶伸入水中,教徒们扶着栏杆,在神职人员的引导下走入水中,然后诵读《圣经》,表情肃穆,经过洗礼后,有的人流下眼泪,有的则喜笑颜开,好不热闹。约旦河洗礼处也像众多的旅游景点一样,设立有旅行纪念品商店,出售不少以色列的特色产品,还可以办理邮寄。

《圣经》中的地名——迦百农

迦百农,天主教译作葛法翁,是《圣经》中的地名,在加利利海附近,现在已成废墟。据称耶稣开始传道时,即迁居此地。据考证,迦百农的意思是"那鸿的乡村",不过有人提出质疑,迦百农到底是纪念先知那鸿还是其他人,这不得而知。

迦百农曾是一个不起眼的小渔村,在罗马时期逐步繁荣起来。公元2世纪,迦百农成为一个重要且繁华的渔业和商业中心,是犹太人也是外邦人的家乡。罗马人在迦百农修路、建设其他基础设施,使其成为迦南通向大马士革的必经之路。来往的商人带回香料和丝绸在这里销售,再把加利利海附近的鱼和其他物品带回。后来,迦百农遭受多次战争和地震破坏,逐渐衰败。

迦百农在《旧约》中并没有被提到,但在《新约》中却频频出现,尤其是耶稣在这里行神迹的时候。如在彼得家医好他岳母的热病,医好被鬼附身的人,治好了患有十二年血漏的人,治好大臣的儿子。在这里召唤彼得、安德烈、雅各布、约翰、马太,设立了十二门徒等。耶稣曾经预言迦百农会遭到破坏,也得到了应验。

迦百农在经过千年的沉寂后,1905年,德国考古学家开始挖掘迦百农,之后发现了一座犹太会堂。《马可福音》中提道:"到了迦百农,耶稣就在安息日进了会堂教训人。"因此,很多人确信《马可福音》中提到的就是这个会堂。据考证,该会堂建于4世纪,在7世纪被废弃。

整个建筑以白色石灰石建成,与周围的黑色玄武石建筑形成鲜明的对比,格外显眼。会堂分为四部分:祷告室、庭院、门廊和旁室。会堂的装饰十分精致,白色的石灰柱上雕刻着各式各样的犹太图案,如大卫星、烛台灯、约柜等,造型十分逼真,似乎在诉说着这里辉煌的历史。经过持续挖掘,考古学家发现在建筑物下面还有一座会堂的遗址,一些陶器在这座会堂的下面被挖掘出来,由此证明了这才是1世纪耶稣曾经在迦百农传道的地方。

距离犹太会堂不远,还有一座会堂遗址,这座会堂外表呈现独特的八角形,据考证,是彼得的家。这是耶稣医治彼得岳母和其他人之处,当耶稣在迦百农时,可能与彼得住在这里。耶稣钉死和复活之后的日子里,这房子显然成了家庭教堂。几个世纪之后,基督徒在此处建造一座教堂以纪念耶稣。

伊甸园的大门——贝特谢安

贝特谢安位于加利利海以南26公里处的以兹列平原上,周围土地肥沃,水源充沛,农业发达,在很早的时候便形成城邑。《塔木德》曾记载,"如果上帝的伊甸园在以色列,那么它的大门便是贝特谢安"。由此可知,贝特谢安的地位十分重要。

贝特谢安历史悠久。公元前16世纪至公元前12世纪,埃及人和腓力斯人先后统治了这个地区。《圣经》记载,公元前1010年,腓力斯人与以色列国王扫罗所率领的军队在贝特谢安附近进行战斗,最后打败以色列人,并杀了扫罗的三个儿子。扫罗被弓箭射伤,他命令自己的手下说:"你拔出刀来,将我刺死,免得我受敌人的凌辱。"但士兵惧怕扫罗,不肯杀他。最后,扫罗自杀而亡。后来,腓力斯人将扫罗和他三个儿子的尸体挂在贝特谢安的城墙上。在希腊化时期,新的定居者在贝特谢安建立了一座新的城市,这座城市依据希腊酒神狄俄尼索斯的名义命名。罗马时期,贝特谢安逐步繁荣起来,城市建筑按照罗马风格所建。拜占庭时期,贝特谢安继续繁荣,以生产优质亚麻织物而闻名。749年,这座城市被一场剧烈的地震完全摧毁,随后这里便荒废下来。以色列建国后开始注重对贝特谢安的保护,并在

1965 年建立贝特谢安国家公园。

进入公园后,游人会看到罗马和拜占庭时期的遗迹。这里有一个巨大的剧院遗址,据考证,它建于 1 世纪,在 2 世纪末重建。剧院有三层,现在只有最底层的座位被保存下来,有 7000 个座位。舞台下面有一个 20 米长的背景墙,由一排排花岗岩和大理石柱组成,装饰华丽,可以想象当时剧院的豪华。不远处便是澡堂,占地约 8800 平方米,比较神奇的是还被区分为热水澡堂和温水澡堂。澡堂的墙壁上涂有彩色的石膏,地板上有大理石板和马赛克图案。接着人们会看到一条 150 米的长廊,它最初修建于罗马时期,在拜占庭时期进行了翻修。旁边是一排商店,外墙用大理石铺成,门廊的马赛克图案上有一个公元 4 世纪的题词,介绍了该街的建造者是当时的总督拉迪乌斯,因此命名为拉迪乌斯街。公园内有个高坡,人们可以俯瞰整个遗址和附近的地貌,相当壮观。

争议不断的戈兰高地

看完加利利海附近的景点,还有一处地方应该去看看,它可能算不上名胜古迹,但是非常有名,那便是戈兰高地。提到这个地方,脑海中的第一印象或许是——这里不就是当年以色列与叙利亚打仗的地方吗,人们应该经常能听到新闻播报这里发生了军事冲突等类似的报道。不错,戈兰高地因战争而出名。戈兰高地南部为农耕区,北部有一些牧场,附近居民大多是穆斯林,大部分人保留叙利亚国籍。戈兰高地居高临下,从戈兰高地可以俯瞰以色列加利利谷地,它是叙利亚西南边陲的战略要地。高地上公路交通网密布,有公路直通叙利亚首都大马士革,仅相隔 60 公里。

1967 年第三次中东战争期间戈兰高地被以色列占领并入其北部区,联合国在边界设置缓冲区。国际上承认戈兰高地为叙利亚的领土,而美国承认以色列对其拥有主权,实际上各国均默认了以色列管辖的现状。从景色来看,戈兰高地确实没有什么值得看的,但是对中东战争感兴趣的朋友可以来此一看,发现它的奇妙之处。相对出名的地方恐怕是兵头山,来到这里需要经过一个斜坡,旁边有很多类似于圣诞

戈兰高地上的地堡工事　徐新 摄

戈兰高地上的方向牌　徐新 摄

树形状的树木，非常可爱。然后就会看到一个广场，有国旗、各城市的方位、各个形状的指示标等。走到兵头山后，会看到许多地堡，这些地堡在第三次中东战争和第四次中东战争中都被投入使用。不远处，还有一个比较大的地堡，顺着台阶向下走，越往里走越黑，打开手电筒一看，像是一个废弃场，有一些几十年前的旧海报，还有涂鸦，有人猜测应该是战争期间的指挥所。出来之后，不远处就可以看到赫尔蒙山，这里现在是以色列唯一的滑雪场，包括一系列适合初级、中级以及专家级滑雪爱好者使用的场地。

值得一提的是，2020年6月14日，以色列前总理内塔尼亚胡宣布，把戈兰高地命名为特朗普高地，但是绝大多数国家都不承认。戈兰高地现在还有很多战壕，重现了昔日的战场局面，整面山都被铁丝网覆盖。比较有意思的是，戈兰高地有许多形态各异的塑像，如怪兽、青蛙等各种造型，看上去像是一座露天博物馆。

远处赫尔蒙山上覆盖的雪　徐新 摄

四

内盖夫地区

内盖夫位于以色列南部的沙漠地区，它在希伯来语中的意思就是"南部"。整个内盖夫占了以色列南部的大部分地域，占了以色列国土面积一半以上。在以往的印象中，沙漠总是荒凉、无生机的代名词，然而，内盖夫地区却有着不一样的景色。内盖夫地区最重要的城市是贝尔谢巴和埃拉特。在贝尔谢巴的西面10公里处，有一个以色列空军博物馆，馆内有各类飞机，如喷射式战斗机、米格战斗机和直升机等，还有参与乌干达机场营救行动的波音707，绝对会让军事迷大饱眼福。

内盖夫荒漠一瞥

连绵不断的内盖夫荒漠

在内盖夫地区还有一处神奇的基布兹——斯代博克，这里有本-古里安大学和本-古里安故居，周围有峡谷和公园，还经常举办火人节，类似于中国彝族的火把节。据考古发现，在斯代博克以南10公里处的阿夫达特国家公园里曾经存在纳泰巴帝国，现在有阿夫达特瀑布，还拥有众多徒步路线。

在内盖夫生活着一群神秘的贝都因人，他们属于游牧民族，这里还专门建立了中东地区唯一的贝都因文化博物馆，馆内有大量贝都因人的服饰、家居用品、珠宝以及艺术和文化作品，生动再现了他们的生活状态。再往南走，有一条令人"神魂颠倒"的"香料之路"，它曾经是重要的商贸之路，有发达的灌溉系统、城市建筑、城堡和商队旅馆等遗迹。内盖夫还拥有大自然的奇迹——拉蒙谷地。如今这里矗立着多个国家公园及考古遗迹，分布着大大小小的基布兹农场，种植农作物、养殖鱼虾，还有不计其数的野生动物。一路向南，人造城市景观被抛诸脑后，视野越发开阔，在一片金黄色的沙漠中，时而有绿色植物点缀，不禁让人想起以色列前总理本-古里安的那句"以色列的希望在南方"。

内盖夫最南端是埃拉特,这里是潜水者的天堂,还有众多珊瑚礁海滩、海豚礁、海洋公园。在海底世界的美食餐厅饱餐一顿,然后欣赏各种颜色的稀有鱼种,绝对是一种难忘的经历。如果你热爱运动,还可以参加这里举办的沙漠马拉松比赛,尽情享受奔跑的乐趣。如果你喜欢音乐,这里还会举办红海爵士音乐节,各种新人大咖云集,还有流行音乐和摇滚音乐的碰撞,是一场音乐的盛宴。在这里,你可以尽情放松,尽情享受快乐。

以色列空军博物馆

在贝尔谢巴以西10公里处的亥茨瑞姆,有一座以色列空军博物馆,1991年向公众开放,博物馆内有各种以色列和外国飞机,大约有150架飞机停在路面上,其中包括第一次中东战争中使用的喷射式战斗机,缴获的米格战斗机和直升机,展示了以色列空军传奇的经历。这里还有很多在新闻或其他地方听说过的飞机,其中有参与乌干达机场营救行动的波音707,有参与轰炸伊拉克核反应堆的飞机,还有野马战斗机和各种无人机。波音707被改装成博物馆,播放各类影片,还有比

以色列空军博物馆展示的战斗机

较出名的黎巴嫩贝卡谷地 F-4E 与米格 -21 空战影片，绝对让你大饱眼福。博物馆内由身穿卡其色服装的女性官兵解说，她们对这些飞机的历史以及性能了如指掌，不过，基于保密原因，飞机的许多细节未能说明。此外，还有裸露的飞机发动机、加油吊舱等各种设备，让游人更快速地了解飞机的构造。

一些老式的军用飞机是吸引人的重头戏，人们不仅可以实地观看，还可以亲自触摸它，如 1956 年空投以军伞兵到米拉特山口的 C-47 运输机，喷火式 MK.9 战斗机。博物馆现有 15 架飞机仍可以运行，每逢逾越节和住棚节等重大节日，其中的一些飞机会飞上天空，共同庆祝节日。有时候以色列现役的飞机也会展出，吸引众多飞机爱好者。目前，以色列计划建立一座更大的空军博物馆，更好地满足人们的需求。

神秘的基布兹——斯代博克

在贝尔谢巴以南约 40 公里处有一个面积不大却非常出名的地方——斯代博克。这里是一处基布兹，当地的居民只有几百人，却拥有本 - 古里安大学和本 - 古里安故居。本 - 古里安大学有三个校区，其中在斯代博克的校区位于沙漠之中，景色算不上美丽，但绝对非常有意思。在校园内经常会看到羚羊和小鹿，偶尔也会看到其他小动物。校园的北部是一处峡谷，在晴朗的夜晚沿着山边散步，会看到许多星星。如果你有兴趣的话，还可以下到山谷，在那里欣赏皎洁的月光，喝着啤酒，听着、唱着几首美妙的歌曲，绝对是一种享受。在校园的东面是本 - 古里安和妻子保拉的墓地，每逢本 - 古里安诞辰，以色列国家领导人都会来此举行盛大的纪念仪式。

离本 - 古里安大学 1 公里处便是本 - 古里安故居。本 - 古里安故居坐落在一排不起眼的平房里，这是一套三室一厅的普通民宅，每个房间都不大，陈设也十分简单，但看上去十分温馨。唯一特别的地方是很小但较高的窗口，据说这么设计的原因是本 - 古里安身材矮小，高而小的窗子可以预防刺客的子弹。这个房间的设施基本保持了本 - 古里安逝世前的样子，里面有近 2 万本书籍，还有他与不同国家领导

本－古里安和妻子保拉的墓地

本－古里安故居内部　刘洪洁 摄

人的通信。本-古里安自从退出政坛后一直居住在这里，处理日常事务和接待客人。本-古里安相信，内盖夫沙漠是以色列的希望和未来，也代表着犹太人坚韧不屈的斗争精神。

本-古里安故居

斯代博克附近经常会举办火人节。五六月份，以色列人会燃起一堆堆红色火焰，让空中弥漫火焰和食物烧烤的气味，这就是以色列人的火人节。相传犹太拉比阿奇瓦组织犹太人从罗马人手中夺回耶路撒冷城后，点起篝火通知周围村庄，犹太人从此以篝火纪念阿奇瓦回耶路撒冷城。现代火人节起源于1986年，拉里·哈维和几个朋友在美国旧金山的贝克海滩开始的夏至营火仪式。他们在沙滩上竖起2.7米高的木制人像和另一座较小的木狗，然后将之点燃。1990年后，火人节开始在内华达州的黑石沙漠举办。火人节的名字源于晚上焚烧巨大人形木像的仪式，这个活动被许多参与者描述为是对社区意识、艺术、激进的自我表达，以及自力更生的实验。火人节的参与者各自有不同的目标，因此活动并没有单一焦点。活动的特色取决于参与者，当中包括社群、艺术、荒诞行为、去商品化和狂欢，无论目标为何，参与

斯代博克火人节　崔财周 摄

至上。现代以色列火人节开始于 2014 年 6 月，一般为期 6 天，在内盖夫沙漠里搭建临时住所，形成一个充满创造力、艺术性、自我表达的共享生活方式平台。第一届火人节有 3000 人参加，一般在斯代博克附近举行。2019 年火人节在本－古里安大学斯代博克校区东边举行，有数千人参加，成为美国内华达州沙漠火人节以外的第二大区域活动，参与者带来了自己的食物和水，并与其他人分享。

像中国的年轻人会去沙滩露营篝火一样，火人节时的年轻人也会豪爽地碰杯、吃烧烤，看一晚上的月亮星星。在节日当天会有形态各异的动物造型，做得惟妙惟肖。许多人聚集在一块宽阔的地方，在那里尽情地跳舞歌唱，不时有火喷射出来，有点像中国的喷火表演。游人可以想象一下那个画面，数千人在火的照耀下，跟着节奏一起跳舞。最令人震撼的是，当火人节快要结束时，准备的各种造型的东西瞬间燃起熊熊大火，不禁让人想起"打铁花"的情景。在场所有的人狂欢起来，大声呼喊着、快乐着，在这样的兴奋与快乐中，节日逐步走向尾声。

内盖夫葡萄酒产区

前面已经介绍过以色列北部的提比什酒庄，事实上，内盖夫葡萄酒产区是以色列五大葡萄酒产区之一。尽管这里的气候对于种植葡萄来说非常恶劣，但是内盖夫自古以来就是一个葡萄种植区，据称这里 6000 年前就有葡萄园，它可能是世界上最早的葡萄酒产区之一。

内盖夫地区的年平均降水量仅 150 毫米，因此大多数葡萄园需要滴灌系统进行灌溉。但内盖夫南部的沙漠地区白天气温很高，昼夜温差极大，为了保证葡萄酒的质量，大多数的葡萄园选择了内盖夫的山区和丘陵地区。葡萄酒爱好者可以沿着 40 号公路开始葡萄酒之旅，品尝包括梅洛、金丹和白苏维浓等各种口味的葡萄酒。

斯代博克酒庄是内盖夫建立的第一家酿酒厂，起初，这里的葡萄酒庄并不出名，随着技术的提高，这里的酒庄逐渐发展起来，并建立起其他酒庄。2000 年，尼拉和阿隆·扎多克在内盖夫地区建立了拉马特酒庄，它位于内盖夫拉马特的卡德什巴尔尼亚集居区。酒庄的亮点是在荒漠地区栽种葡萄，在众多精品酒庄中，仅此一家。酒庄引入了先进的葡萄酒酿造技术，先后在美式和法式橡木桶中完成葡萄酒压榨、发酵和陈酿工序。内盖夫拉马特酒庄也是一间绿色酒庄，致力于发展保护土壤、水资源和空气等沙漠生态系统。无论是葡萄园建设还是酿酒厂管理，酒庄都秉承了"环保"这一理念。

阿夫达特国家公园

阿夫达特国家公园（Ein Avdat）是位于以色列内盖夫沙漠斯代博克以南10公里处的一个峡谷公园，有人称它为"上帝的手印"。Ein在希伯来语中表示泉水，Avdat则来源于一位纳巴泰国王的名字，据说他就埋葬于此。在沙漠之中建立一个国家公园听起来有点匪夷所思，事实上，这里与周围的沙漠环境有点格格不入，一道道山泉全年沿着瀑布飞流而下，汇入山涧之中。

据后来的考古发现，阿夫达特有悠久的历史，在青铜器时代，这

阿夫达特国家公园一隅

里就有小型的定居点。在希腊化时期，阿夫达特成为香料之路上的一个重要站点。在公元前3世纪左右，阿夫达特因纳泰巴帝国繁荣起来，为古代商旅提供休息站点。在拜占庭时期，阿夫达特发展成为一个基督教城市，内盖夫的道路上随处可见基督教朝圣者。但在7世纪阿拉伯人征服此地后，通往西方的道路就被封锁了，最终该地区被遗弃。

阿夫达特国家公园有两个入口，北边的入口在峡谷的底部，南边的入口在峡谷的顶部，相隔10分钟的车程。从北面的入口进入，沿着河床前进，峡谷越来越窄，峡谷的墙壁也越来越高。小路的左侧有一棵大树，它是一棵大西洋蒺藜树，估计有350年的历史。走过这棵树，河床开始有了水，景色也壮观起来。峡谷两边高15米的地方，一个瀑布飞溅到深水池里，被一个小的人工坝分成两部分。水池有8米深，旁边有一些植物，水非常冷，禁止游人在水中游泳。

在瀑布前约100米处的悬崖上建有一条通往瀑布的阶梯。这些阶梯最初是由以色列青少年在1956年雕刻的，现在已经被国家公园管理局改进。阶梯通向阿夫达特瀑布的起点，沿着小径往上走，当它穿过溪流时，游人会看到美丽的幼发拉底河胡杨林，胡杨林地区有可能是曾经住在附近山洞里的僧侣们种植的菜园。有经验的徒步旅行者可以在胡杨林地区左转，走到 Ein Ma'arrif 水池，这个泉水是阿夫达特瀑布的最初源头。另一条路更方便，在楼梯前向右转，沿着悬崖底部通向一个有两间房的人工隐士洞。据说这个洞穴是拜占庭时代僧侣居住的洞穴之一，它的装饰是一个十字架，刻在一个被凿开作为窗户的壁龛上面。考古学家已经调查发现了四个洞穴，在洞穴中有各种雕刻形状的物品，如壁橱、架子、挂衣服的栏杆、长椅、楼梯等等。

身体之旅：越野与徒步旅行

有人说，要么读书要么旅行，身体和灵魂必须有一个在路上。来到内盖夫地区，来一场身体之旅，绝对终身难忘。想要探秘以色列沙漠，一览壮阔宏伟的沙漠景观，吉普车之旅能够带来完美的体验。因为在广袤无垠的沙漠之中，内盖夫的吉普车道比比皆是，吉普车成了完美的交通工具，它既可以为你节省时间，又可以让你体验沙漠的神奇之处。乘坐吉普车进入沙漠，通常会有一个有执照的导游对该地区的历史、景观、植被等进行详细的讲解，旅行团可以根据游客的需求和喜好调整旅游路线。这不仅让你的沙漠之行变得生动有趣，见识到很多神奇的自然景观，而且还可以学习到很多新的知识，成为你一生中难忘的记忆。

内盖夫广阔的景观也为远足爱好者提供了一个天堂。比较热门的徒步旅行路线有斯代博克、提纳姆公园、阿夫达特和埃拉特周边。这些路线从新手到专家，每个人都可以徒步旅行。路径有颜色编码的标记，以防止徒步旅行者迷路。除此之外，以色列自然保护学会在这些地方均设有教研基地，工作人员可以提供技术知识和最新的信息，并出售比例尺为1∶50000的徒步地图。在徒步过程中，你可以停下来在大自然中野餐，或者观察沙漠动物的自然栖息地。尽管如此，在徒步旅行时也需要遵循一些安全准则，如随身携带一个比例尺合适的地图；只走有标记的路线；携带适量的饮用水；做好防晒准备；避免在以色列边境地区停留；不要一个人徒步旅行，结伴而行。

沙漠玫瑰——贝都因文化博物馆

贝都因人是阿拉伯人的一支，几千年来一直生活在地球上酷热、干旱和环境恶劣的地区，在沙漠中，他们练就了超强的适应力和耐力，也形成了坚韧、英勇、慷慨和热爱自由的民族性格。贝都因在阿拉伯语中的意思是"荒原上的游牧民""逐水草而居的人"。走进贝都因人家中，游人会看到帐篷、小木屋、烧烤架、精美的毯子等必备品。最重要的还有骆驼，骆驼对贝都因人来说至为重要，贝都因人又喜欢自称"驼民"。贝都因人的运输、贸易无一不依靠骆驼，新娘的彩礼、凶手的赎罪金、赌博者的赌注、酋长的财富都是以骆驼为计算单位。驼乳可以解渴，驼肉可以充饥，驼皮可以做衣服，驼毛可以做帐篷，驼粪可以做燃料，驼尿可以当生发油。

目前约有20多万贝都因人在以色列,他们大多生活在南部沙漠中。

贝都因部落房屋内部

以色列政府鼓励贝都因人定居,严格规定自由放牧,一些贝都因人迁入城镇,过上定居的生活。贝都因人的生活方式发生巨大的变化,他们的传统文化逐渐消失。在这种情况下,以色列考古学家欧纳·格伦于1985年在当地政府的支持下建立了贝都因文化博物馆。贝都因文化博物馆在距离贝尔谢巴20公里的拉哈夫集体农庄,它是目前以色列和中东地区唯一一个专门展示贝都因文化的博物馆,每年吸引着许多来自世界各地的人们前来参观和研究。

走进博物馆,游人会看到一个贝都因帐篷和一个两层的室内展馆。博物馆内有大量的贝都因人服饰、家居用品、珠宝以及艺术和文化作品。博物馆通过大量的收藏品、图片、视频和文字说明,展示了贝都因人的饮食习惯和日常生活,游人可以更加直观地了解这个神秘的游牧民族。博物馆解说员易卜拉欣表示:"这座博物馆非常独特,它是世界上唯一一座人们可以了解贝都因文化的博物馆。热情好客是贝都因人的天性,沙漠中城镇稀少,贝都因人的帐篷往往成为旅途奔波者

贝都因人群体

求助的对象。贝都因人喜爱喝咖啡，帐篷里通常都生着火，煮着自己烘焙碾磨的咖啡，遇到客人来，递上一杯香气四溢的咖啡是最常见的待客礼仪。随着岁月的流逝，贝都因人失去了很多，这让人十分伤感。贝都因人的生活方式不是慢慢改变，而是突然发生了变化。在数年的时间里，在沙漠中游牧的人们住进了楼房，置身于现代生活之中。在如此短的时间内经历这么巨大的变化，我觉得这不是一件容易的事。"

值得一提的是，2005年贝都因人的传统吟唱方式被列为世界非物质文化遗产，可见其魅力。贝都因人认为，吟唱会让骑手们感到愉快并刺激其前行。通常以对歌的形式吟唱，在两组骑手之间即兴创作和重复七行或更短的短诗，一般来说，主唱唱第一节，第二组骑手回应。在篝火、婚礼、部落和民族庆祝活动中也会吟唱诗歌，特别是骆驼比赛。一些贝都因妇女在从事集体工作时也会创作和吟唱。诗歌主题内容是向亲朋好友或部落其他人传递信息，同时它也是贝都因人评论社会问题的媒介。诗歌的其他主题包括解决个人或部落之间的争议、突出历史成就，以及表现良好的驾驶经历等。

香气弥漫千年:香料之路

提起香料,大家第一反应可能是中世纪欧洲人疯狂追寻的从印度、斯里兰卡等国家获取的香料。其实在公元前3世纪的内盖夫沙漠地区就有一条香料之路。香料之路又被称为熏香之路,商道沿途有56个驿站,跋涉一次要半年,全程蜿蜒2400公里,在以色列南部的内盖夫沙漠约有150公里。这条路东起约旦的佩拉特,向西一直延伸到现在的加沙地带,其中有十处遗址,包括四个城镇、四个城堡和两个商队驻地。这些城镇和城堡与贸易路线、农业腹地相结合,为人们提供了一个非常完整的纳巴泰文明图景。纳巴泰人是古阿拉伯人,没有书面文字留世,人们至今对其文化了解甚少。纳巴泰人公元前65年被罗马人打败,随后香料商贸被转移到埃及。到7世纪中叶,阿拉伯人称霸后,内盖夫香料之路中的绿洲城镇几乎全部荒废,从而变为残垣断壁。2005年,联合国教科文组织将内盖夫沙漠的香料之路列入世界文化遗产名录。世界文化遗产委员会评价道:"内盖夫沙漠'香料之路'沿途城镇、城堡、驿站和复杂的农业系统遗址,展示了恶劣沙漠

纳巴泰人城市遗址

环境中延续5个世纪的繁华……纳巴泰人的四个城镇哈鲁扎、曼席特、阿伏达特和席伏塔,以及内盖夫沙漠的相关堡垒和农业景观,分布在通往地中海香料之路两边。它们共同反映了自公元前3世纪起到公元2世纪间从阿拉伯南部到地中海地区香料贸易的繁荣景象。复杂的灌溉系统、城市建筑、城堡和商队旅馆等遗迹,见证着条件艰苦的沙漠发展成为贸易和农业定居点的过程。"

所有这些遗迹都受到国家立法保护,以色列自然和公园管理局负责进行日常管理,以色列文物局则负责管理指定建筑的保护和挖掘活动。在这条道路上还有一大亮点——葡萄酒非常出名,以色列考古学家埃里克森·吉尼表示,葡萄酒后来也成为这个地区蓬勃发展的主要原因之一,拜占庭时期从内盖夫地区出口高质量葡萄酒,为整个地区带来了繁荣。吉尼团队还在铭文的发现地点附近找到了一座拜占庭教堂和一间澡堂。拜占庭教堂长40米,有三个走道,教堂的拱顶装饰了马赛克图案。澡堂则是一个大型综合建筑物,保存良好,源自中罗马时期,但在6世纪后被荒废了。

时至今日,随着考古发现和旅游业的发展,内盖夫沙漠中的香料之路又重新热闹起来。香料之路作为以色列境内重点文化遗迹,受到妥善保护,四座古城中,有三座被列为以色列国家公园,供游人参观,迎接来自世界各地的游客。香料之路所有相关的遗址,都在"修旧如旧"的理念下得到了修复和保护,它将一直作为人类的宝贵财富而受到保护和尊重。

地球的皱痕:拉蒙大峡谷

贝尔谢巴市往南85公里的内盖夫山上,有一处地质奇观——拉蒙大峡谷(俗称"大弹坑")。它既不是由陨石撞击形成的陨石坑,也不是火山喷发形成的火山坑,而是世界上较大的谷地之一。世界上有7处这样的地质奇观,2个在埃及西奈沙漠,其余5个都在以色列,其中拉蒙大峡谷是目前发现的最大的峡谷。大峡谷长40公里,宽2~10公里,深500米。据考证,在几百万年前,地壳运动致使地表升高和断裂，地下水不断侵蚀，从内部将山掏空，再经过雨水的冲刷及不断的风化作用，形成了现在的峡谷奇观。据报道，拉蒙大峡谷四周都是类似"月球坑"和"火星坑"的深坑，同时这里也构成了以色列最大的国家公园——拉蒙自然保护区。

大峡谷非常壮观，尤其在夕阳下，呈现出金黄色。这里的景色看似满目荒凉，实则气象万千，让人们不禁想起近年来比较火的电影——《火星救援》，景色和电影里的镜头一样，让人有一种星际穿越的感觉。在游客中心可以预定吉普车之旅，乘坐老式路虎在巨坑之中驰骋，沿着地势上下颠簸起伏，车窗外是色彩分层明显的神奇地貌，黄色、红色、褐色或紫色逐一变化，吉普车之旅的司机兼导游会很骄傲地告诉游人，这片土地之中蕴含了160多种矿物质，也是世界上为数不多集中了如此多矿物质的地形。站在山顶上，偶尔会看见努比亚山羊出没，还有蜥蜴、蛇、乌龟、刺猬、猎鹰、野鸡等40种动物，仿佛来到了某个野生动物园。景区内有一个很大的告示牌——请各位游入不要私自喂这些山羊，因为一旦它们习惯了人类的食物，在这么恶劣的自然环境下

拉蒙大峡谷

再难以生存。傍晚时分,夕阳照耀下的大峡谷平添了几分诗意,会有"夕阳西下,断肠人在天涯"的感觉。放眼望去,经常能够看到三三两两的人在这里探险,登上山顶后,一个牌子上面写有:EVERYWHERE YOU LOOK SEE YOURSELF(在任何地方都能看到自己),这也很符合探险者的心情。等到夜晚时分,漫天的繁星让人眼花缭乱,偶尔会有流星划过,可以许下美好的愿望。记得以色列前总理本-古里安曾说,内盖夫沙漠是辽阔无边的,也给以色列人留下了营造梦想家园的空间。

在拉蒙附近有一个羊驼牧场,说到这里,有一段神奇的经历值得一说,这里本来没有羊驼,它们是从秘鲁空运到这里的。1988年,一架拆掉了所有座椅的飞机把170只羊驼运送到拉蒙,这里的气候与安第斯山脉相差无几,很适合羊驼生活。当初以色列引进羊驼的目的是产羊毛,但是羊毛产量并不理想,于是这里便开发成了羊驼牧场,不仅生产部分羊毛,更多的是成为旅游资源,吸引众多游客前来参观。

大自然的奇观:提姆纳国家地质公园

提姆纳国家地质公园距离埃拉特25公里,是以色列南端最壮观的地貌之一。参观提姆纳国家地质公园既可以让游客发现大自然的鬼斧神工,还可以见到难得一见的古代生活和古埃及时代的手工艺品。参观公园既可以享受乐趣,又可以开阔视野,适合所有人游玩。

提姆纳国家公园面积60平方公里,三面被陡峭嶙峋的山崖所环绕,红色、黄色和白色相间的土地上散布着许多天然的奇形怪石,因其独特的砂岩地质经长年风沙侵蚀而成,很像中国新疆的雅丹地貌。博雷格山是公园的第一个景点,远远望去像一颗转动的螺丝钉,这应该是大自然的杰作。不远处便是战车画,它实际上是公元前14至公元前12世纪的岩石雕刻,有狩猎、斗士和动物,证明了提姆纳地区是古代人活动的遗迹。根据奇石地貌各自的形状特点,分别设有蘑菇石、螺旋山、大拱门等景点。在这里人们将领略大自然的美好风光,观赏奇妙的野生动植物,对它们来说,这片干旱的沙漠是它们赖以生存的家园。该公园最著名的应该是所罗门王石柱,这些柱子高达40米,经

提姆纳公园内的蘑菇石

提姆纳公园内的螺旋山

过多年风化侵蚀形成,为典型的红色砂岩,以所罗门王命名。它的右侧方有一个神庙,那里曾供奉着古埃及神话中的爱神哈索尔。提姆纳公园不仅有壮丽的景色,还有迷人的历史故事和古迹。据考古学家考证,6000多年前,埃及人曾在这里开采铜矿,然后用驴运送铜去埃拉特,在那里装船运往埃及,至今还留有世界上最古老的铜矿遗址。提姆纳湖是公园的最后一站,这个被沙漠山丘包围的蓝色湖泊是以色列最美丽的风景之一。湖边牌子上写着禁止在湖中游泳,但可以在湖面上划船。在湖边,游客可以用不同颜色的沙子装瓶,再喝杯沙漠草药茶,也是一个不错的选择。毗邻公园的地方,游客可以找到餐厅、浴室和一个独特的礼品店。

　　提姆纳公园还是自行车、徒步和露营以及举办集体活动的场所,并拥有沙漠地区独特的动物和植物景观,吸引了许多游客前来观光和探险。公园有20条适合徒步的小路,每条路的攀登难度各有不同,可以根据自己或团体的需求和能力选择合适的路径,可以跋涉穿行壮观的、极具考古意义的小径,或者选择放松一下,悠闲地漫步在郁郁葱葱的提姆纳湖边和邻近的露营地。在这里人们还可以制作彩色沙瓶等沙漠工艺品，或者乘坐脚踏船环游一番。

如果你对极限运动感兴趣，也可以选择体验一下公园的绳索垂降、高空滑索和自行车环游。在导游的陪同下，游客可以游览重建后的神龛、圣坛、至圣所和约柜的复制品，了解圣经的历史。年轻游客可以怀着敬畏之心欣赏那些犹太人依照上帝的旨意在这片沙漠中修建的圣殿的复制品，年长的游客可以通过重建的圣殿深入了解历史，沿途增长见闻。

拯救濒危野生动物——海巴约瓦塔自然保护区

在提姆纳国家地质公园不远处便是海巴约瓦塔自然保护区，该保护区在埃拉特北部约35公里处，在萨马尔基布兹对面。约瓦塔取自《申命记》，它是以色列人在沙漠中的一个站点，意思为有水的地方。

20世纪60年代，在自然和公园管理局的支持下，约瓦塔成立了海巴组织，其目的是恢复一些在以色列濒临灭绝的野生动物，并加强

海巴约瓦塔自然保护区的相思树

对濒危物种的保护。20 世纪 70 年代,自然和公园管理局在约瓦塔盐碱地围起了约 10.8 平方公里的区域,以保护以色列已经灭绝的大型食草动物,也包括一些从未在以色列出现过但在世界其他地方濒临灭绝的物种,如亚洲野驴、白羚羊、撒哈拉大羚羊、非洲野驴和鸵鸟等动物。20 世纪 80 年代中期,90 号公路以西的几平方千米区域也被围起来,以保护合欢羚羊,因为它在世界范围内处于濒危状态。海巴约瓦塔自然保护区成立以来取得了一些成绩,目前为止,亚洲野驴和撒哈拉大羚羊已恢复了野生状态,并在内盖夫地区建立了其他野生动物保护区。除了保护动物,植物的保护也纳入其中。比较显著的成果是对相思树的保护,这种树木主干扭曲,花朵卷曲,很多人把它视为灌木丛,因此对它的破坏较为严重。在保护区内,它们得到了很好的保护。

沙漠南端的蓝宝石:埃拉特

如果你想潜水,看看海豚,顺便再海上冲浪,埃拉特绝对是一个好地方。埃拉特是以色列最南端的城市,靠近红海的亚喀巴湾,是以色列著名的度假胜地,也是以色列南部唯一的出海口。埃拉特全年阳光普照,水温为 20℃ ~ 26℃,非常适合潜水,还有非常漂亮的珊瑚礁,因此它也有"珊瑚城"之称。每年春秋两季,大量候鸟在郊外水域觅食,补给养分。这些候鸟通常在欧亚大陆繁殖生长,秋季前往非洲过冬,来年春天返回北方。作为连接欧亚非三大洲的桥梁,以色列南部的埃拉特成为候鸟的必经之地,每年有数万名鸟类学者和观鸟爱好者慕名来到这里。

在埃拉特众多海滩中,最出名的恐怕就是珊瑚礁海滩,这里有专门的珊瑚海滩自然保护区。海水清澈,水底有五彩斑斓的海洋生物,如果你想更好地观赏它们,最好的办法就是潜水。这里有专门的潜水教练,潜水动作不算难,很多人来到这里都会尝试一下。当你在教练的指导下,潜到水下时,会看见蓝色、黄色、红色等各种颜色的鱼类游过,仿佛自己与他们融为一体,狮子鱼、青蛙鱼、大海鳗都是水里的常客。这时候人们可能会想起《西游记》的情节——当年孙悟空游

海底珊瑚礁群馆

龙宫的场景,现在游人也可以"大闹龙宫"了。不过,一般来说,第一次潜水不要太长时间,不然身体会不适应。水中还有各种海草生长,这也为此地区的特有生物提供栖息地,如海马、墨鱼、蛇星、海鳗以及其他鱼类。许多生物在海草的叶子中度过生命的早期阶段,当它们长大后,加入邻近的生态系统,从而增加了生物的多样性。说到物种的多样性,纬度高的埃拉特肯定比不上温暖的东南亚,但这也是地球最北端的大型珊瑚礁群之一,因此,享受缤纷多彩的珊瑚景色和安静的大海才是游玩这里正确的打开方式。

  除了珊瑚礁,还有非常出名的海豚礁。顾名思义,这里有很多海豚,游人可能在海洋馆看过很多海豚表演,但是近距离观察海豚,甚至与海豚一起游泳的机会很少,这是一个比较有意思的事情。海豚是一种很聪明的动物,如果它喜欢你,会主动靠近你,甚至让你抚摸它的小脑袋。在那里,讲解员重点介绍了海豚的习性以及要如何爱护它们。海豚在埃拉特得到了朋友般的保护,虽然它们被圈养在一片被称为海豚公园的水域之中,但公园有明文规定,不得利用海豚进行任何商业性表

海洋馆中的亚马逊小屋

演,也不允许游人给海豚喂食,这里对海豚健康管理有严格的饮食标准。

当然,这里也少不了海洋公园,据说这个海洋公园是中东地区最大的海洋馆,地面上有鲨鱼馆、海龟馆、水母馆等不同主题馆。海洋公园里还有一个亚马逊小屋,展示热带雨林的主题,有很多南美洲的水生动物,如凯门鱼、食人鱼等,有点穿越到热带雨林的感觉。不仅如此,这里还有一个罕见鱼种展览,展馆内有大量的稀有鱼类,如狮子鱼、红海小丑鱼、星鱼、海马等。拿起手机,拍个照片,记录下来,然后发到朋友圈,绝对可以"炫耀"一番。有意思的是,在海面上有一个深入海底世界的通道,游人可以乘电梯深入到水底近距离观察海底生物,仿佛置身于大海之中。海洋公园还有一大特色便是海底餐厅,这里有以色列的各种美食,一边吃着东西,一边看着各种鱼类游来游去,是一件很享受的事情。

在埃拉特海滩玩耍之后,再骑行一番,这是另外一种美妙的体验。埃拉特是典型的地中海气候,降水量稀少,在冬季的11月—次年3月,白天的温度为20℃~25℃,非常适合骑行。埃拉特最受欢迎的骑行

可供游人骑行的骆驼

路线是 Shehoret 峡谷和 Amram's Pillars,全长 26 公里,难度适中,中间有休息站,沿途可以欣赏各种颜色的天然岩石。这里还有以色列人最受欢迎的自行车道之一——埃拉特周边小径,它全长 21 公里,从红海最北端的海岸开始,途经埃拉特绿洲森林公园,尽头是迷人的珊瑚礁。

自 2010 年以来,埃拉特举办了一年一度的埃拉特沙漠马拉松赛,这项国际赛事吸引了来自世界各地的数千名跑步者和体育爱好者,参赛者沿着地球上美丽和独特的马拉松赛路线进行比赛。这项活动不仅发扬了跑步者的竞争精神,还为每个参与者提供了极大的视觉享受。沙漠马拉松实际上由四项体育赛事组成:全程马拉松(42.2 公里),半程马拉松(21.1 公里),以及 10 公里和 5 公里的城市短跑。埃拉特沙漠马拉松赛程为 3 天,第一天是展览日,主要为全家人提供轻松的体育活动;第二天是跑步日,包括当晚的庆祝晚会;第三天是跑步后的放松日,包括瑜伽和游泳。

享受真实、平静的沙漠体验的最佳方式之一是骑着最能代表沙漠的动物——骆驼环行。骑骆驼可以让游客轻松地穿越埃拉特山脉和一望无际的沙漠，这项活动适合团体和家庭，也是埃拉特的一种娱乐活动。埃拉特人们在附近农场提供骑骆驼的短途旅行，可以穿越城外的干河床。对于情侣来说，两人骑骆驼看日落，也是一次难忘的浪漫体验。

音乐盛会——红海爵士音乐节

　　来到海滨之城埃拉特，一年到头各种活动和节日总是让人应接不暇，整个埃拉特时刻充满着自由和欢快的气息，其中有非常出名的红海爵士音乐节。该音乐节的发起人和管理人杜比·蓝兹是以色列的著名音乐家，自1978年音乐节设立以来，蓝兹从以色列各地及全球招募才华横溢的音乐家和团队，成功地打造出让人耳目一新的乐队组合，并使各种流派和风格融为一体。红海爵士音乐节在每年8月的最后一周举行，届时会有世界众多的著名乐队在埃拉特演出。红海爵士音乐节夏季一般为4天，自2011年以来，其发起者又推出了每年一度的冬季音乐节，冬季音乐节一般在2月份的第二周，一般为3天。这是一个跨国界、举世狂欢的节日，也是这个城市最令人向往的节日之一，让埃拉特名声在外。

　　虽然名称为红海爵士音乐节，但是除了爵士之外，还有许多流行音乐和摇滚音乐，音乐节目丰富多彩、花样繁多，参加人员也是大咖新人云集，给埃拉特的人们带来一场音乐盛宴。游客们还能荣幸地观看世界大师级艺术家的出色演出，聆听他们引人入胜的美妙乐声，如著名的古巴钢琴家阿尔弗雷多·罗德里格斯、纽约萨克斯管演奏家贾可·施瓦兹·巴特、钢琴家兼风琴演奏者拉里·戈尔丁和世界上被推崇的SLIX纯人声六重唱乐团等。在2015年的音乐会上，参加人员有以色列的表演者什洛莫·格罗尼希、打击乐手伊农·穆阿利姆、钢琴家盖伊·米纳斯、格莱美获奖钢琴家鲁斯兰·西若塔，还有和以色列乐队同台献艺的手风琴大师夏尔林。这里还有一些大师课程，他们通常在爱尔兰酒吧Mike's Place举办，开始是60分钟的讲座，一般着重介绍爵士乐，紧随其后的是爵士乐队演出。音乐节中的特色环节是在皇家海滩酒店举办的互动环节，即兴演出让观众参与其中，营造了亲密的氛围，往往把音乐节推向高潮。

结　语

　　当人们踏入以色列时，便会被她的美丽所吸引。以色列拥有众多名胜古迹，既有大量的历史和宗教遗迹等人文景观，包括不同宗教派别的教堂、传统与现代的博物馆、历史悠久的古城遗迹等；又有多姿多彩的自然景观，如神奇的死海、神圣与美丽的加利利海、奇妙的提姆纳国家地质公园等。

　　当人们站在橄榄山上鸟瞰耶路撒冷全景时，可以看到耸立的圆顶清真寺和阿克萨清真寺。往近处走走，人们还可以看到西墙和圣墓教堂，在这里，人们可以感受到不同宗教派别的交汇，体验到耶路撒冷老城的厚重。以色列是世界上人均拥有博物馆数量最多的国家。这里既有馆藏丰富的以色列国家博物馆，记录犹太人历史的犹太人博物馆和大流散博物馆，又有介绍少数族群的贝都因文化博物馆，让人们领略不一样的风情。这里有圣城中的圣城——伯利恒，人们会了解到耶稣的相关知识；这里有现代城市的代表——特拉维夫，人们会感受到她的时尚风范；这里有十字军的记忆——阿卡古城，似乎在向人们诉说着十字军的历史。当然了，这里还有神奇的巴哈伊花园，向世人展现了以色列空中花园的魅力。

　　当攀登上马萨达后，人们会发现这儿不但有独特的地理位置，更有海天相接的死海风光。来到风光秀丽的加利利海，人们乘着耶稣时代的加利利古船，偶尔看到一群海鸥在天空中盘旋，好不惬意。人们再沿着"耶稣小径"走一走，听听五饼二鱼堂的故事，别有一番韵味。来到提姆纳国家地质公园后，人们会看到很多奇形怪石，如蘑菇石、螺旋山等，不仅会被大自然的鬼斧神工所震撼，还会了解到种类繁多的动植物。这里还有风景如画的埃拉特，人们不仅可以看到很多漂亮的珊瑚礁、稀奇古怪的鱼类，还可以参加音乐会和舞会，为足球赛的运动员们摇旗呐喊。

总之，以色列因其独特的人文与自然景观闻名于世。如果你想了解不同宗教的历史，来以色列吧！如果你想在海上漂浮，来以色列吧！以色列是一个神奇的国度，来到这里，你会爱上她！

崔财周

盐城师范学院历史与公共管理学院

参考文献

（一）专著

[1] 艾仁贵：《马萨达神话与以色列集体记忆塑造》，社会科学文献出版社，2021。

[2] 澳大利亚 Lonely Planet 公司：《以色列和巴勒斯坦》，中国旅游出版社，2019。

[3] 林立：《外交官带你看世界：下一站，以色列》，北京科学技术出版社，2020。

[4] 徐新，凌继尧：《犹太百科全书》，上海人民出版社，1993。

[5] 张倩红：《以色列史》，人民出版社，2014。

[6] 中国地图出版社：《世界分国地图：以色列》，中国地图出版社，2014。

[7] 《中国公民出游宝典》编委会：《以色列》，测绘出版社，2014。

[8] 朱兆一，李哲：《从文化到旅游：带你了解神秘又坚韧的以色列》，中国旅游出版社，2021。

（二）译著

[1] 西蒙·蒙蒂菲奥里：《耶路撒冷三千年》，张倩红，马丹静译，湖南文艺出版社，2019。
[2] 拉维奥·约瑟夫斯：《犹太战争》，王丽丽等译，山东大学出版社，2007。

（三）报纸

[1] 毕淑敏：《马萨达永不再陷落》，《北京文学（精彩阅读）》2011年第7期。

（四）网络资源

[1] 联合国教育、科学及文化组织（United Nations Educational, Scientific and Cultural Organization），http://whc.unesco.org/en/statesparties/IL/.
[2] 以色列旅游信息（Tourist Information Israel），https://info.goisrael.com/en/.
[3] 以色列旅游部（Ministry of Tourism），https://www.gov.il/en/departments/ministry_of_tourism/govil-landing-page.

附录 1

中以交往一枝春

2022年1月24日是中国和以色列建立大使级外交关系的30周年纪念日。在过去的30年，中以关系已经发生了翻天覆地的变化，两国交往经历了前所未有的发展阶段。不仅如此，早在2017年，中以就正式为两国关系定位，确立了"创新全面伙伴关系"，以创新为抓手，推进两国关系稳步向前发展。沉浸在喜悦之中的我，思绪禁不住回到建交之前的1988年。

那年的6月22日，当美联航从芝加哥直飞以色列的航班在本-古里安机场降落时，我即刻意识到自己的一个梦想成真了。与此同时，自己也在不经意间创造了一项无人可以打破的中以交往史记录：成为中国与以色列正式建立大使级外交关系之前第一位应邀访问以色列并即将在希伯来大学公开发表学术演讲的中国学者。当时的激动心情至今难忘，尽管在那以后我又先后十余次造访以色列，每次访问都有不小的收获，但1988年的访问毕竟是我第一次踏上以色列国土，第一次来到中东地区，第一次走到了亚洲的最西端，第一次如此近距离贴近以色列社会。

为什么得以在彼时造访以色列？如何在中以没有任何正式外交关系的情况下获得访问以色列的签证？我眼中看到的以色列是一个什么样子？此行对我的学术生涯会造成什么样的影响？

坦率地讲，希望有机会访问以色列的想法与我此前两年在美国的经历有着密切的关联。

我第一次走出国门是 1986 年夏，那是我在南京大学工作的第 10 个年头。与彼时绝大多数出国人员不同的是，我去美国并不是留学，而是到美国的大学（芝加哥州立大学）执教。在机场，我受到芝加哥州立大学英文系主任弗兰德教授（Professor James Friend）的亲自迎接。在驱车进城的路上，他热情地告诉我他和他的夫人决定邀请我住到他的家中，希望我能够接受他们的这一邀请。这当然是一件喜出望外的事，尽管我在之前与他的通信中（当时由于尚未有互联网，人们之间的联系主要依靠书信。而一封信件的来回大约需要一个月到一个半月）提及希望他能够帮助我在学校附近租一个房子，因为芝加哥州立大学在决定聘用我的信中明确表示学校不提供住处，必须自行解决住房问题。

弗兰德教授是犹太人，1985 年秋，根据南大－芝州大友好学校交流协议曾来南大英文系任教。当时我是南大英文专业的副主任，除了行政方面的工作，还负责分管在英文专业任教外国专家的工作，因此与弗兰德教授有较为密切的接触，结下了深厚的友谊。实际上，我收到去芝州大教书的邀请就得益于他的推荐。他的夫人也是一位在大学教书的犹太人。他们的两个女儿当时已大学毕业离开了家，家中有空出的房间供我使用。能够住在他家中，显然为我这个初来乍到的人在美国生活开启了一个良好的开端，我没有丝毫犹豫就欣然接受。事实证明，由于是与一位熟悉的人生活在一起，我非常顺利地开始了在一个陌生国度的生活，没有经历绝大多数人都不可避免会在开始阶段感受到的文化冲击（culture shock）。我不用准备任何生活用品和油盐酱醋方面的物品，早晚餐和他们一起用，而且到学校教书，来回都搭弗兰德教授的便车（当然我当时尚不会驾车）。更为重要的是，生活在弗兰德的家中，不仅让我感受到家的温馨，认识和熟悉了他们的所有亲朋好友，而且与当地犹太社区有了广泛的接触。现在回忆起来，和他们生活在一起，简直就是以前所未有的方式"沉浸"在犹太式的生活之中，为我提供了一个了解犹太人和体验犹太式生活不可多得的绝佳机会。

在与犹太人交往的过程中,我对以色列这个世界上唯一的犹太国家开始有了新的认识:以色列不再只是依附于世界头号强国、不断引发周边冲突的暴力形象,而是一个为所有国民提供归属感的崭新国家。在那里,犹太民族成为主权民族,其传统不仅得到了很好的传承,而且不断发扬光大。我逐渐了解到古老的希伯来语早已在那里得到复活,成为以色列社会的日常用语,使用现代希伯来文进行文学创作的阿格农早在1966年便获得诺贝尔文学奖;基布兹作为以色列实行按需分配原则的农业形态一直生机勃勃,吸引了世界的目光。更重要的是,以色列被视为是世界上所有犹太人的共同家园。

新的认识使得我有了希望能够去看一看的想法。或许是那两年与众多犹太人有过频繁交往,或许是我在犹太社区做过一系列讲座的缘故,熟识的犹太朋友主动为实现我的这一愿望牵线搭桥——终于,在我决定回国履职之际,我收到以色列著名高等学府希伯来大学和以外交部的共同邀请,邀我对以色列进行学术访问。邀请方对我提出的唯一要求是希望我能够在希伯来大学做一场学术演讲,题目由本人决定。

根据安排,我有十天的访问时间。到达以色列时,我荣幸地受到以色列外交部的礼遇。中以建交后担任以色列驻华大使馆政治参赞的鲁思(Ruth)到机场接机,并陪同前往耶路撒冷的下榻饭店。具体负责我在以访问活动的是希伯来大学杜鲁门研究院院长希罗尼教授(Professor Ben-Ami Shillony)。次日上午,希罗尼教授如约来到饭店,与我见面。寒暄后,他递上了一份准备好的详细访问日程,并表示我有什么要求可以随时提出。

访问从驱车前往希伯来大学开始。在那里,我们除了参观了解希伯来大学,还重点参观了了解了杜鲁门研究院,并参加了当日下午在杜鲁门研究院举行的研究院新翼图书馆落成揭幕式。由于新翼图书馆是美国人捐款建设起来的,美国驻以色列大使一行专程前来参加揭幕式。主宾的衣着令我印象深刻:以方的出席人员个个着西装领带,而美方人士则个个着休闲便装。而我事先了解到的以色列着装习俗应该是这样的:以色列人以随意著称,很少着西装打领带。可今天,出于对嘉宾的尊重，以方人员个个着西装打领带出席；而通常以正装出席揭幕式这类正式活动的美国人，为了表示对以色列人的尊重，特意着便装出席。彼此都为对方着想，表明两国不同寻常的亲密关系。

　　在接下来的参访中，几乎每一项活动都令我思绪万千，对我日后的学术研究产生重要影响。譬如，在参观了大屠杀纪念馆后，我在接受《耶路撒冷邮报》的采访时，说了这样的话：现在我终于明白犹太人为什么一定要复国。《耶路撒冷邮报》第二天报道了这一采访。对反犹主义的研究从此成为我学术研究的一个主攻方向。我不仅出版了《反犹主义解析》和《反犹主义：历史与现状》等专著，发表若干论文，而且在国内大力推动"纳粹屠犹教育"，并作为中国代表出席联合国教科文组织在巴黎召开的"纳粹屠犹教育"国际会议。

　　在参观了"大流散博物馆"后，我对犹太人长达1800年的流散生活有了更直观的了解，感叹犹太传统在保持犹太民族散而不亡一事上发挥的作用。而博物馆中陈列的"开封犹太会堂"模型和专门为我打印的开封犹太人情况介绍促使我在回国后专程去开封调研，并把犹太人在华散居作为自己的另一个研究方向，其成果是两部英文著作和数十篇相关论文。

　　穿行在耶路撒冷的老城，我体验到了什么是传统和神圣；行走在特拉维夫，我感受到以色列现代生活的美妙和多姿多彩；在北部加利利地区的考察，令我切切实实地感受到以色列历史的厚重；而在南部内盖夫地区的参观，让我真真切切体验到旷野的粗犷；在马萨达的凭吊，令我感受到什么是悲壮；而在海法的游览，则使我体验到什么是赏心悦目；在基布兹的访问，令我这个曾经在农村人民公社劳动和生活过的人感慨万千——犹太人在农业上的创新做法和务实态度令我不停地发出种种追问，我被基布兹的独特性深深吸引，好奇心使我提出再参观一个基布兹的要求，并得到了满足。

　　由于我在南京大学最初的10年主要是从事美国犹太文学的研究，在访问期间，我提出希望能够会见以色列文学方面人士的要求，于是我便拜访了以色列文化部，并结识了文化部下属以色列希伯来文学翻译学院负责人科亨女士（Nilli Cohen）。科亨女士是学院负责在全球推广希伯来文学翻译的协调人，我与她建立了工作关系，并一直保持通讯联系。此外，我们还有幸拜会和结识了特拉维夫大学希伯来文学资深教授戈夫林（Nurit Govrin），在向她请教若干关涉现代希伯来文学的问题后，还请她推荐了一些作家和作品。由此，本人对现代希伯来文学的兴趣大增，在随后不到 10 年的时间内，经本人介绍给国内出版界的以色列当代作家多达 50 余位。1994 年，我因译介现代希伯来文学再度受邀出访以色列。在出席以色列举办的"第一届现代希伯来文学翻译国际会议"之际，以色列作家协会为出席会议的中国学者专门举行了欢迎酒会，使我终于有了一个与绝大多数译介过的作家见面的机会。

我必须承认，在初次以色列之行中最触动我心灵的经历是与以色列一系列汉学家的见面交流。老实说，会见以色列汉学家并非出于本人要求，而是以色列接待方的精心安排，因为当时的我压根就不知道，也没有想到，以色列会有汉学家。以色列接待方根据我的身份——一个对犹太文化感兴趣的中国学者，认为安排我会见以色列的汉学家是一项有意义的活动。根据安排，我在特拉维夫大学会见了谢艾伦教授（Professor Aron Shai），他是一位史学家，专攻中国近现代史。我专门旁听了他的中国史课，并与学生进行了简单的交流。谢艾伦后来出任特拉维夫大学的教务长（相当于常务副校长）一职，不仅到南京大学访问过，还热情接待过由我陪同访问的南京大学校长代表团。我在特拉维夫大学会见的还有欧永福教授（Professor Yoav Ariel），他是研究中国古典文化的学者，将中国经典《道德经》译成希伯来文。在希伯来大学，我结识的汉学家有研究中国政治和外交的希侯教授（Professor Yitzhak Shichor），研究中国文化的伊爱莲教授（Professor Irene Eber）。此后我与伊爱莲教授多次在国际场合见面交流，友谊长存（伊爱莲教授于 2019 年与世长辞）。后来（1993 年），在拜会以色列前总理沙米尔时，沙米尔在了解到我当时正在学习希伯来语后，告诉我以色列政府在 50 年代初就安排了一位名叫苏赋特（Zev Sufott）的以色列青年学习中文。尽管在随后的 30 年他一直学非所用，但是当 1992 年中以终于建交后，苏赋特出任以色列第一位驻华特命全权大使。

　　这一系列的会见使我惊叹不已。以色列这么一个小国（当时的人口尚不足 500 万），竟然有多位专门研究中国历史、文学、社会、政治、外交等方面的专家教授，其中有的还享有国际声誉。而就我所知，当时偌大的中国（人口是以色列的近 240 倍），却鲜有专事研究犹太文化者，中国高校亦无人从事犹太文学的教学！这一反差对我的冲击实在是太大了。作为一个在美国有两年时间"沉浸"在犹太文化中的人，出于一种使命感，我在以色列就发誓回去后一定投入对包括以色列在内的犹太文化研究。

　　回国后，我义无反顾投身于犹太学研究，确立了自己新的研究方向、开启一个全新治学领域，同时在南京大学创办了犹太和以色列研究所，组织编撰了中文版《犹太百科全书》，率先向国内学界介绍引入现代希伯来文学，建起了一座英文书籍超过三万册的犹太文化图书特藏馆，召开了包括"纳粹屠犹和南京大屠杀国际研讨会"与"犹太人在华散居国际研讨会"在内的大型国际会议，培养了 30 多名以犹太学为研究方向的硕士生和博士生……进而勾勒出了中国犹太/以色列研究的概貌。

　　回望过往，发生的一切显然过于神奇，只能用"奇迹"来描述。

　　而这一切源于 1988 年以色列的处女之旅。从此，以色列对于我而言，是一个令奇迹发生的国度。

徐新
2022 年岁首

附录 2

南京大学黛安/杰尔福特·格来泽犹太和以色列研究所简介

　　1992年，借中国和以色列国正式建立大使级外交关系之东风，南京大学批准成立一专事犹太文化研究兼顾教学的学术研究机构——南京大学犹太文化研究所。不过，在这之前，南京大学就已经开始对犹太文化进行研究，主要由南京大学学者牵头的学术团体"中国犹太文化研究会"（China Judaic Studies Association）于1989年4月宣告成立，并卓有成效地开展工作。随着犹太文化研究的深入，搭建一个平台（即建立研究所）显得十分重要，而这样的研究机构的出现在中国高等教育系统尚属首次。研究所正式成立的时间为1992年5月，最初名为"南京大学犹太文化研究中心"，2001年更名为"南京大学犹太文化研究所"。2006年，为感谢有关基金会和个人的支持，特别是设在美国洛杉矶的黛安/杰尔福特·格来泽基金会的慷慨支持，研究所于是改名为"黛安/杰尔福特·格来泽犹太和以色列研究所"，该名称沿用至今。

　　研究所建立之初确立的宗旨是：更好地增进中犹双方的友谊，满足中国学术界日益增长的对犹太民族和文化了解的需求，推动犹太文化的研究和教学在国内特别是在高校系统的进一步开展，培养这一学术领域的专门人才，以此服务于中国当时方兴未艾的改革开放事业，推动中国与世界的进一步融合。"不了解犹太，就不了解世界"是研究所当时提出的口号，该口号简洁明了地表明这一研究机构成立的动因。

研究所在其 30 年的历史中成绩斐然,包括:

● 组织撰写并出版首部中文版《犹太百科全书》(上海人民出版社,1993 年),该书成为中国最具权威和广泛使用的一本关涉犹太文化的大型工具书(200 余万字,1995 年获"全国最佳工具书奖");撰写并出版包括《犹太文化史》(北京大学出版社,2006 年)、《反犹主义:历史与现状》(人民出版社,2015 年)在内的著作 10 余部;组织翻译并出版犹太文化方面的著作 20 余种;编辑出版"南京大学犹太文化研究所文丛"一套;同时发表各类论文超过 100 篇。

● 在南京大学逐步开设一系列犹太文化方面的课程,不仅有专门为本科生开设的课程,更多的是为研究生开设的课程。

● 招收和指导犹太历史、文化和犹太教研究方向的硕士研究生和博士研究生。已有 30 多名研究生在研究所学习,从本研究所获得博士学位的研究生超过 15 人,大多数学生毕业后在中国各大学执教,讲授犹太历史文化方面的课程。

● 组织举办大型国际学术研讨会,促进中外学者之间的交流和研讨,包括 1996 年在南京大学召开的"第一届犹太文化国际研讨会"、2002 年召开的"犹太人在华散居国际会议"、2004 年召开的"犹太教与社会国际研讨会"、2005 年召开的"纳粹屠犹和南京大屠杀国际研讨会",以及 2011 年召开的"一神思想及后现代思潮研究国际研讨会"。

● 举办犹太历史文化暑期培训班 3 期,聘请国际犹太学学者授课,受训的中国各高校和研究机构的教师、研究人员和研究生达 100 人,有力促进了犹太文化教学和研究在国内高校的开展。

● 开展国际合作,先后举办各种类型的犹太文化展近 10 次,内容涉及犹太历史、犹太文化、以色列社会、美国犹太社团、犹太学研究、纳粹屠犹、犹太名人等,促进了中国社会对犹太历史文化的了解,增进了中犹人民间的友谊。

● 邀请超过50位国际著名犹太学者来华、来校进行交流、讲学，演讲场次超100场。

● 大力开展对犹太人在华散居史的专门研究，特别是对中国开封犹太人的研究。已发表专著2部（英文、美国出版）、论文数十篇，在国际学术界能够代表中国学者在这一研究领域的水平。

● 建立起中国迄今为止规模最大的犹太文化专门图书馆，仅英文藏书就已超过3万册，涉及犹太文化研究的方方面面。

● 与若干国际学术机构建立联系或互访，包括美国哈佛大学犹太研究中心、耶希瓦大学、希伯来联合学院、宾夕法尼亚大学、加州大学、布朗大学、以色列希伯来大学、特拉维夫大学、巴尔伊兰大学、本-古里安大学、英国伦敦犹太文化教育中心等。

● 积极筹措资金，为犹太文化研究和教学的开展提供经费支持。除了众多个人捐助，还有许多给予研究所各种研究和教学资助的国际基金会，包括：黛安/杰尔福特·格来泽基金会、斯格堡基金会、罗斯柴尔德家庭基金会、布劳夫曼基金会、列陶基金会、犹太文化纪念基金会、博曼基金会、卡明斯基金会、散居领袖基金会等。10余年运作下来，本研究所的规模不断扩大，收益稳定，每年的收益已经能够确保每年发放奖学金数十份、奖励犹太文化研究领域的师生多名，并为各类学术活动提供经费支持。

需要特别指出的是，积极参加国际学术活动和开展国际学术交流会是南京大学犹太文化研究所学术活动的重要特点。在将国际犹太学者"请进来"的同时，研究所的教师也已大步地"走出去"。研究所的研究人员多次外出访问，特别是美国、以色列、德国、英国、加拿大等国，或在国际会议中宣读论文、交流学术，或担任客座教授讲学授课。据不完全统计，本所研究人员在若干国家发表过的学术演讲已达700余场次。此外，研究所每年都会选派研究生前往以色列有关大学进修或从事专题研究。通过这类学术活动，研究所与世界范围内的犹太学术界、犹太人机构及犹太社区建立了广泛而密切的联系，在扩大影响的同时，又推动了研究所各项工作的开展。

南京大学犹太文化研究所因其在犹太和以色列研究领域中取得的成就，已成为中国高校中最早对犹太文化进行系统研究并取得丰硕成果，同时又具有较高国际知名度的一所文科研究机构。